Der Neinrich
und andere Mutmach-Geschichten

Edith Schreiber-Wicke
Carola Holland

Der NEINrich
und andere Mutmach-Geschichten

Thienemann

Inhalt

Der Neinrich

 Achtung! Bissiges Wort!

 Knut hat Wut

König Wirklichwahr

Der NEINrich

»Einen winzigen kleinen Kuss krieg ich aber!«, rief Tante Karin und drückte Leo an sich. »Schmatz!«, machte es, bevor Leo noch irgendetwas sagen konnte.
Leo spürte klebrigen Lippenstift auf seiner Wange.
»Süß ist er, der kleine Leo«, sagte Tante Karin, bevor sie sich endlich verabschiedete.
Leo stellte sich vor den großen Spiegel und rieb die Lippenstiftspuren von seiner Wange. Dabei sah er seine Mutter vorwurfsvoll an.
Seine Mutter zuckte ein wenig hilflos mit den Schultern.
»Sie kommt ja nicht oft«, sagte sie.

Leo ging in sein Zimmer.
Er war wütend. Wie immer,
wenn er wütend war, holte
er seinen Zeichenblock und
die Buntstifte.
Irgendwie liefen die Stifte
wie von selbst.
Als Leo sah, was er gezeichnet hatte, wunderte er
sich. Er zeichnete sonst nie
komische kleine Männchen.
Leo wollte den Zeichenblock
wegschieben, als er sah,
dass seine Zeichnung verschwunden war.
Glatt, weiß und neu lag das
oberste Blatt vor ihm.

»NEIN!!!«, sagte jemand sehr entschieden.
Es war eine sonderbar dünne Stimme, aber doch klar und deutlich.
»NEIN, NEIN und noch einmal NEIN!
Hast du's schon einmal damit probiert?«
Leo schaute sich um.
»Aber nicht doch!«, sagte die Stimme ungeduldig.
»Da – direkt vor dir!«
Leo sah, dass sich neben dem Behälter mit den Stiften etwas bewegte.
Der ulkige Wicht, den er gezeichnet hatte, spielte mit einem Radiergummi Fußball.
»Tor!«, rief er, als der Radiergummi in einer Schachtel mit Notizzetteln landete.

Leo überlegte, ob er einfach nur träumte. Allerdings war er noch nie zuvor an seinem Schreibtisch eingeschlafen.
»Mach den Mund zu, es zieht«, sagte der Kleine.
»Sperr lieber die Lauscher auf.«
Leo wartete noch immer darauf, ganz plötzlich aufzuwachen.

Aber der kleine Kerl vor ihm nahm eine große Büroklammer und begann sie wie ein Sportgerät zu biegen.
›Er hält meinen Schreibtisch für ein Fitness-Studio‹, dachte Leo.
›Ich muss ihn fragen, wer er eigentlich ist.‹ »Wer bist denn du?«, fragte er. Seine eigene Stimme klang ihm seltsam fremd in den Ohren.

»Ich bin der Neinrich«, sagte der Kleine und betrachtete zufrieden die fast gerade gebogene Büroklammer.
»Neinrich?«, wiederholte Leo. »Mit N? Nicht vielleicht Heinrich?«
»Das würde ja keinen Sinn machen«, sagte der kleine Kerl. Jetzt versuchte er, den Briefbeschwerer hochzustemmen.
»Wieso?«, fragte Leo verständnislos.
»Weil ich dazu da bin, dir das NEINsagen beizubringen«, sagte der Kleine, der sich Neinrich nannte.

»Meine Mutter beschwert sich darüber, dass ich zu oft NEIN sage«, antwortete Leo.
»Das ist es ja eben«, sagte der Neinrich. »Man muss unbedingt wissen, wann der richtige Ort und die richtige Zeit zum Neinsagen ist.
Die meisten sagen NEIN einfach so – weil Neinsagen Spaß macht.
Weil man die Großen so schön nerven kann damit. Weil man feststellen kann, wie viele NEINs eine einzelne Mutter oder ein einzelner Vater aushält.
Aber oft vergessen sie genau dann NEIN zu sagen, wenn's wirklich wichtig ist.«
»Und wann ist es wirklich wichtig?«, fragte Leo.

»Also«, sagte der Neinrich.
»Jetzt kommt's. Willst du's auch wirklich hören?
Die ganze Sag-NEIN-Wenn-Liste?«
»Na klar!«, sagte Leo.
»Wo fang ich an?«, überlegte der Neinrich laut. Dann legte er los:
»Sag NEIN, wenn jemand Wildfremdes dir Gummibärchen anbietet. Dasselbe gilt auch für Schokoriegel – auch wenn's deine Lieblingssorte ist. Und für Kaugummi – auch wenn er zuckerfrei ist.«
»Ist klar«, nickte Leo.
Der Neinrich redete schon weiter.
»Sag NEIN, wenn ein Unbekannter dich im Auto mitnehmen will.
Das gilt auch, wenn er sagt, deine Mutter hat ihn geschickt.
Oder wenn er sagt, er ist ein Freund deines Vaters.
Oder wenn er sonst irgendwas sagt.«

»Okay, okay«, sagte Leo. »Das weiß ich alles längst.«
»Ich bin aber noch lang nicht fertig«, sagte der Neinrich.
Er stand jetzt gegen den Briefbeschwerer gelehnt und zählte weiter auf.
»Sag NEIN, wenn dich jemand fragt, ob du weißt, wo die Herbststraße ist.
Oder die Frühlingsgasse, der Sommerplatz oder das Restaurant Winter.«
»Wenn ich's aber weiß?«, fragte Leo.
»Auch dann«, beharrte der Neinrich.
»Erwachsene sollen gefälligst Erwachsene nach dem Weg fragen. Basta.«

»Noch was?«, fragte Leo.
»Na klar«, nickte der Neinrich. »Jetzt komm ich erst so richtig in Fahrt.
Sag NEIN, wenn der große Bruder deiner Freundin sagt: Na komm schon!
Weit und breit kein Auto in Sicht! Da kann man auch bei Rot über die Straße gehen.«
Leo nickte, als er an Sarahs großen Bruder dachte.
Der Neinrich redete schon weiter. »Sag NEIN, wenn auf dem Spielplatz einer zu dir
sagt: Spring vom Klettergerüst runter, oder traust du dich vielleicht nicht?!«

»Noch was?«, fragte Leo.
»Selbstneinend«, sagte der Neinrich. »Mir gehen die NEINs selten aus. Sag NEIN, wenn sich beim Bäcker die Frau, die gegenüber wohnt, wieder einmal vordrängeln will. Und entweder so tut, als hätte sie dich nicht gesehen, oder so was sagt wie: Du hast doch bestimmt mehr Zeit als ich!«
»Einfach NEIN sagen?«, fragte Leo zweifelnd.
»Das kann man, wenn man ein Kind ist? Ist das nicht unhöflich?«
»Unhöflich sind die, die sich vordrängen«, sagte der Neinrich bestimmt.

»Bist du fertig?«, fragte Leo.
»Gleich«, sagte der Neinrich.
»Sag NEIN, wenn dir wer näher kommt, als du möchtest. Das gilt für alle verwandten und nicht verwandten Streichler, Anfasser und Knutscher.«
»Einfach NEIN sagen zu Tante Karin?«, fragte Leo zweifelnd.
Aber der Gedanke gefiel ihm.
»Einfach NEIN sagen«, bestätigte der Neinrich.
»Sie kommt drüber weg. Garantiert.«

»Redest du mit dir selber?«, fragte Leos Mutter verwundert.
»Nein«, sagte Leo wahrheitsgemäß.
Der Neinrich marschierte auf den Zeichenblock und legte sich flach auf den Rücken. »Fröhliches Neinsagen!«, rief er und war im nächsten Augenblick wieder eine Zeichnung auf einem weißen Blatt Papier.
»Es gibt gleich Abendessen«, sagte Leos Mutter. »Deckst du den Tisch?«
»Ja«, sagte Leo.
»Aber wasch dir vorher die Hände«, fügte sie mit einem Blick auf Leos bunte Finger hinzu.
»Ja«, sagte Leo. So viel war klar: Das hier war zum Neinsagen nicht die richtige Zeit. ABER DIE WÜRDE SCHON NOCH KOMMEN.

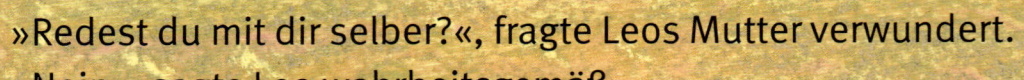

ACHTUNG!
Bissiges Wort!

Laura konnte Leo gut leiden. Genau genommen war Leo sogar
Lauras bester Freund.
Aber an diesem Tag hatte sich Laura das rechte Knie zerschrammt.
Und ein Glas Orangensaft verschüttet. Und im Supermarkt keinen
Schokoriegel gekriegt.

Dann kam Leo und gewann auch noch fünfmal hintereinander beim Memory-Spielen.
Und da sagte Laura zu Leo: »Du 🐭!«

Noch während Laura »Du ⬬!« zu Leo sagte, tat es ihr schon leid. Sie meinte es überhaupt nicht so. Sie hätte die ganze Sache mit dem ⬬ gern ungeschehen gemacht. Aber: Gesagt ist gesagt.

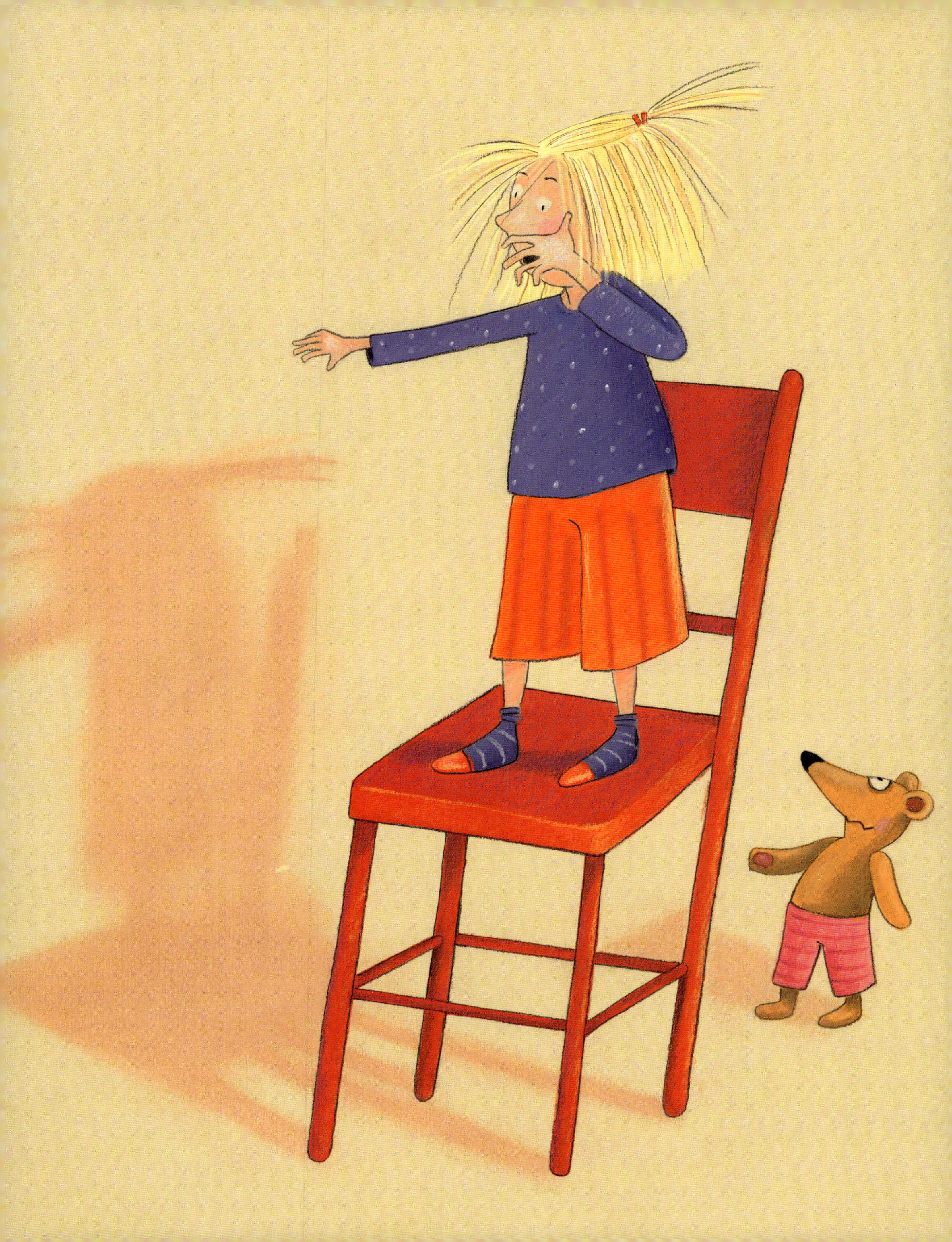

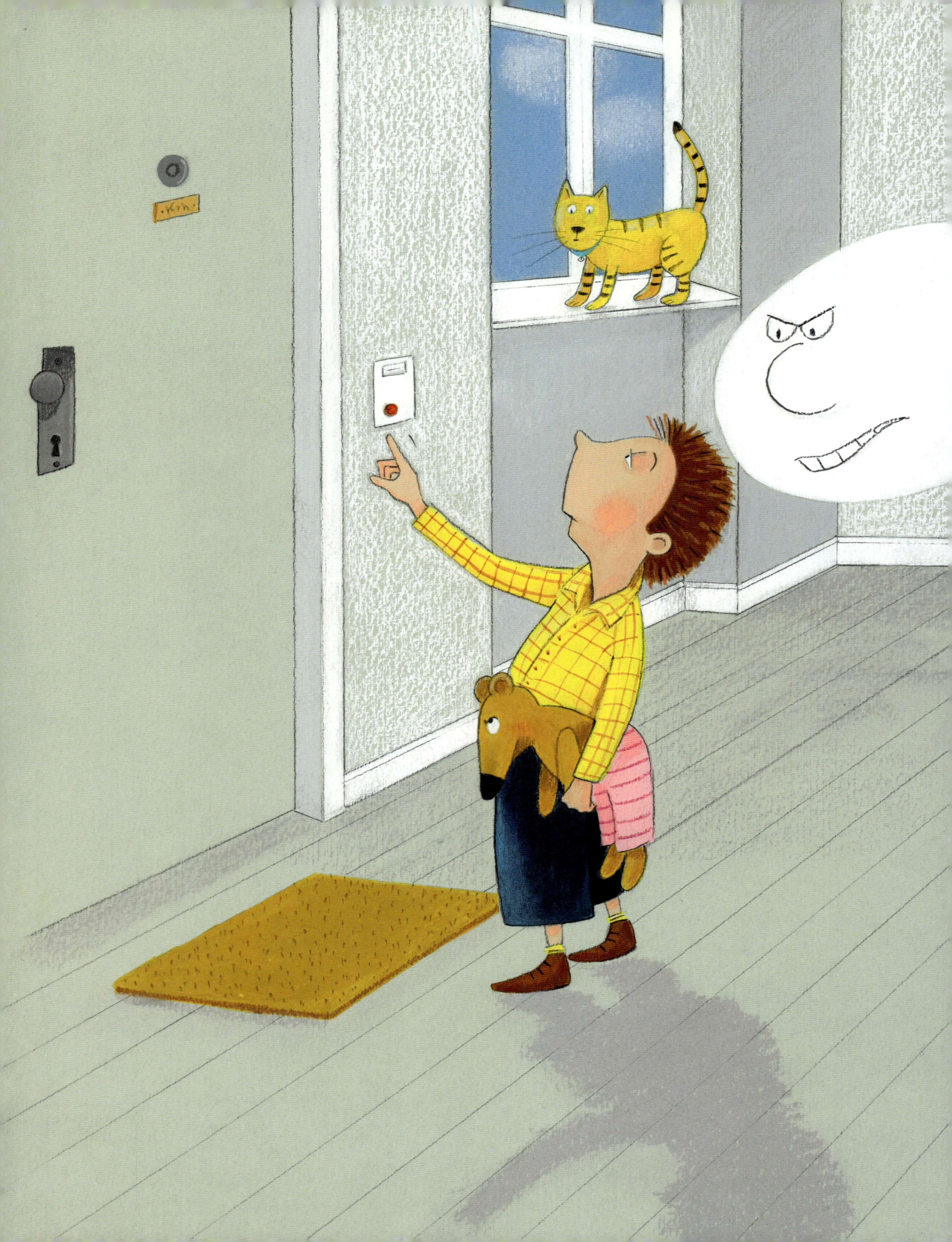

Leo wusste nicht genau, was ein 🐋 war.
Aber bestimmt nichts Nettes – so viel war ihm klar.
Also nahm er Ferdinand, seinen Lieblingsbären,
und ging nach Hause. Das war nicht weit.
Leo wohnte gleich nebenan.

Leos Mutter war erstaunt. Sonst blieb Leo immer viel länger bei Laura. »Schon?«, fragte sie. »Was ist los?«

»Laura hat ⬤ zu mir gesagt«, erklärte Leo.
»Das war nicht nett von Laura«, sagte Leos Mutter. »Bestimmt hat sie's nicht so gemeint. Am besten, du denkst einfach nicht mehr dran.«

So einfach war das aber nicht. Leo ging in sein
Zimmer und versuchte, nicht an 🐭 zu denken.
Er bemühte sich wirklich. Aber es gelang ihm nicht.
Das 🐭 saß auf Leos Bett und grinste ihn an.
Als sich Leo wegdrehte, saß es zwischen seinen Bären.
Und dann hinter seinem Schulrucksack.

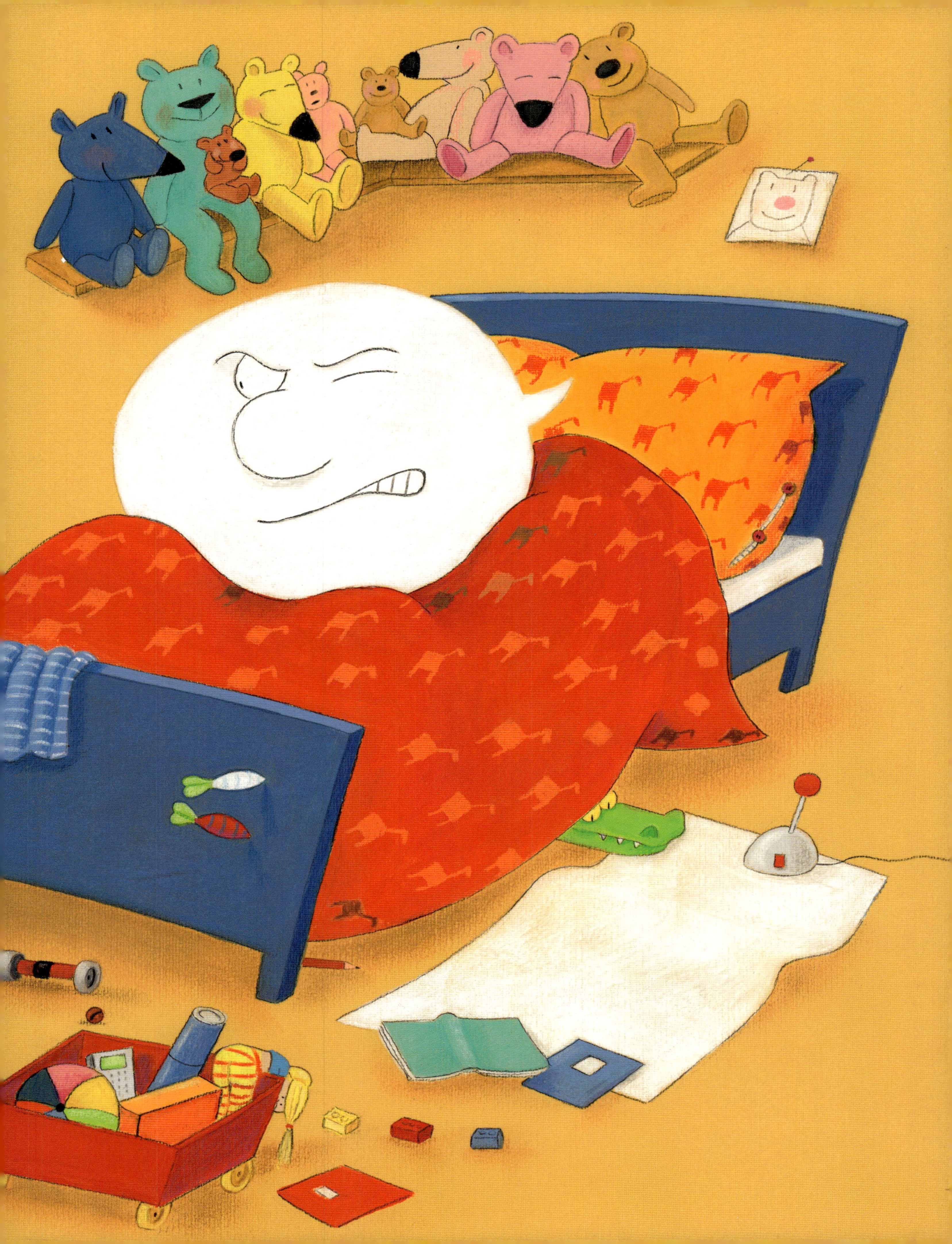

In dieser Nacht träumte Leo, dass alle in der Schule
ihn so seltsam anstarrten. »Ja klar!«, dachte er.
»Ich bin ja ein 🐟.«
Sein Nachbar rückte ein Stück von ihm ab.
»Auch klar«, dachte Leo, »wer will schon
neben einem 🐟 sitzen?«

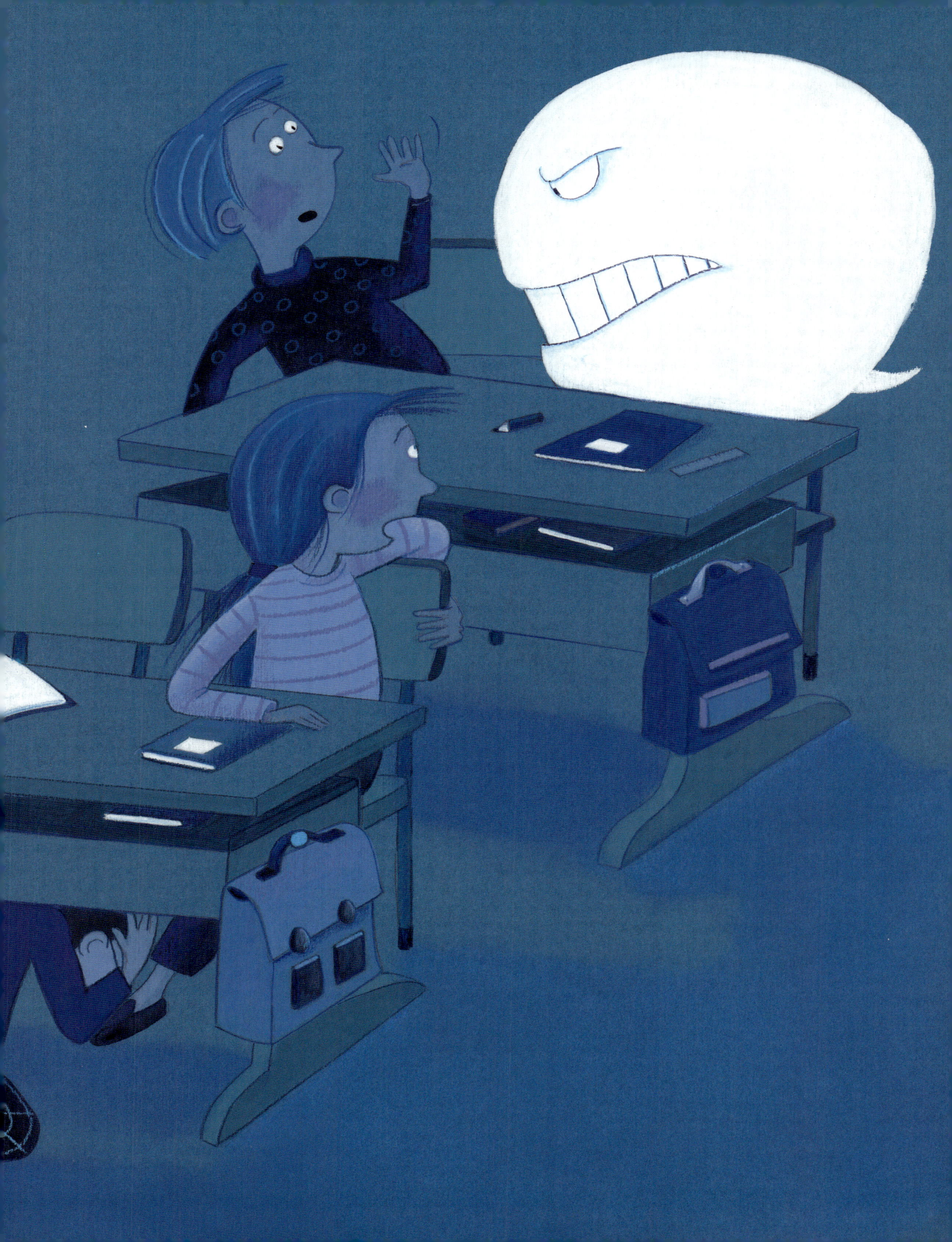

Am nächsten Tag in der Schule lag ein Päckchen Kaugummi auf Leos Platz. Leo schaute zu Laura. Sie schaute fragend zurück. Fast hätte Leo den Kaugummi genommen. Aber dann sah er das 🐭. Es saß ganz oben auf der Tafel und schnitt Grimassen. Zornig schob Leo den Kaugummi weg.

$1 + 2 + 5 = 6$

$2 + 3 - 2 = 5$

$4 + 8 - 5 = 2$

$2 + 3 - 1 = 1$

Laura wartete darauf, dass Leo zur üblichen Zeit zu ihr kam.
Aber die Türglocke blieb still. Den ganzen Nachmittag.
Laura hätte gerne Memory gespielt.
Sie hätte sogar gern beim Memory-Spielen verloren. Aber
allein kann man nicht Memory spielen. Nicht einmal verlieren.

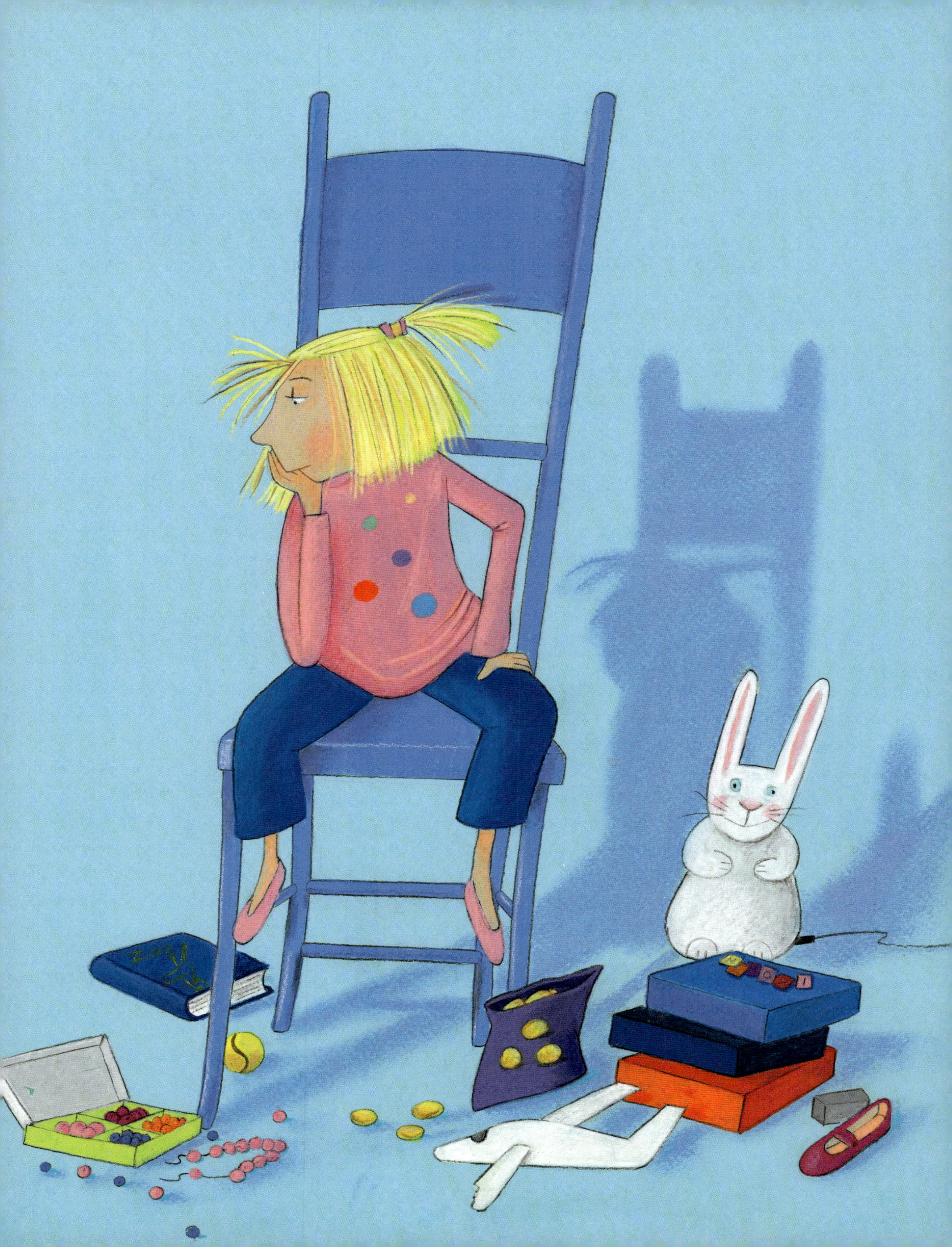

Auch Leo saß allein in seinem Zimmer. Erst machte er Hausaufgaben. Dann hörte er sich seine Lieblings-CD an. Dann überlegte er, ob er nicht einfach zu Laura gehen sollte und fragen, warum sie 🐟 zu ihm gesagt hatte. Immerhin war Laura seine beste Freundin.
»Beste Freundin!«, sagte das 🐟 höhnisch.
»Dass ich nicht quietsche! Beste Freundinnen sagen nicht 🐟 zu dir.«

»Das stimmt«, dachte Leo.

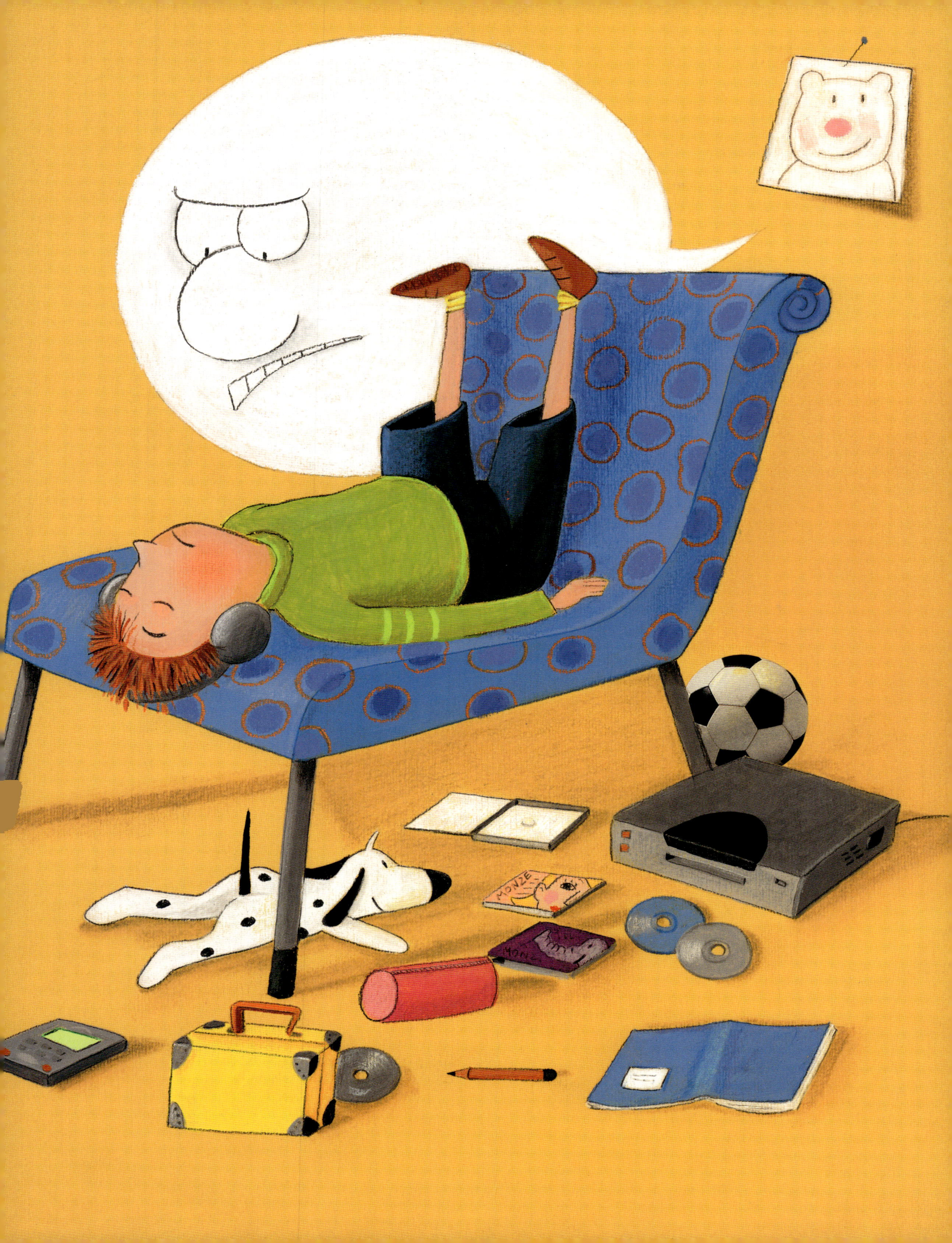
MONZE

»Ich könnte ja einfach bei Leo anrufen und sagen, dass es mir leid tut«, dachte Laura. »Immerhin ist Leo mein bester Freund.«
»Er war dein bester Freund«, sagte eine boshafte Stimme.
»Denkst du, jemand bleibt dein Freund, nachdem du 👄 zu ihm gesagt hast?«

»Auch wieder wahr«, dachte Laura.

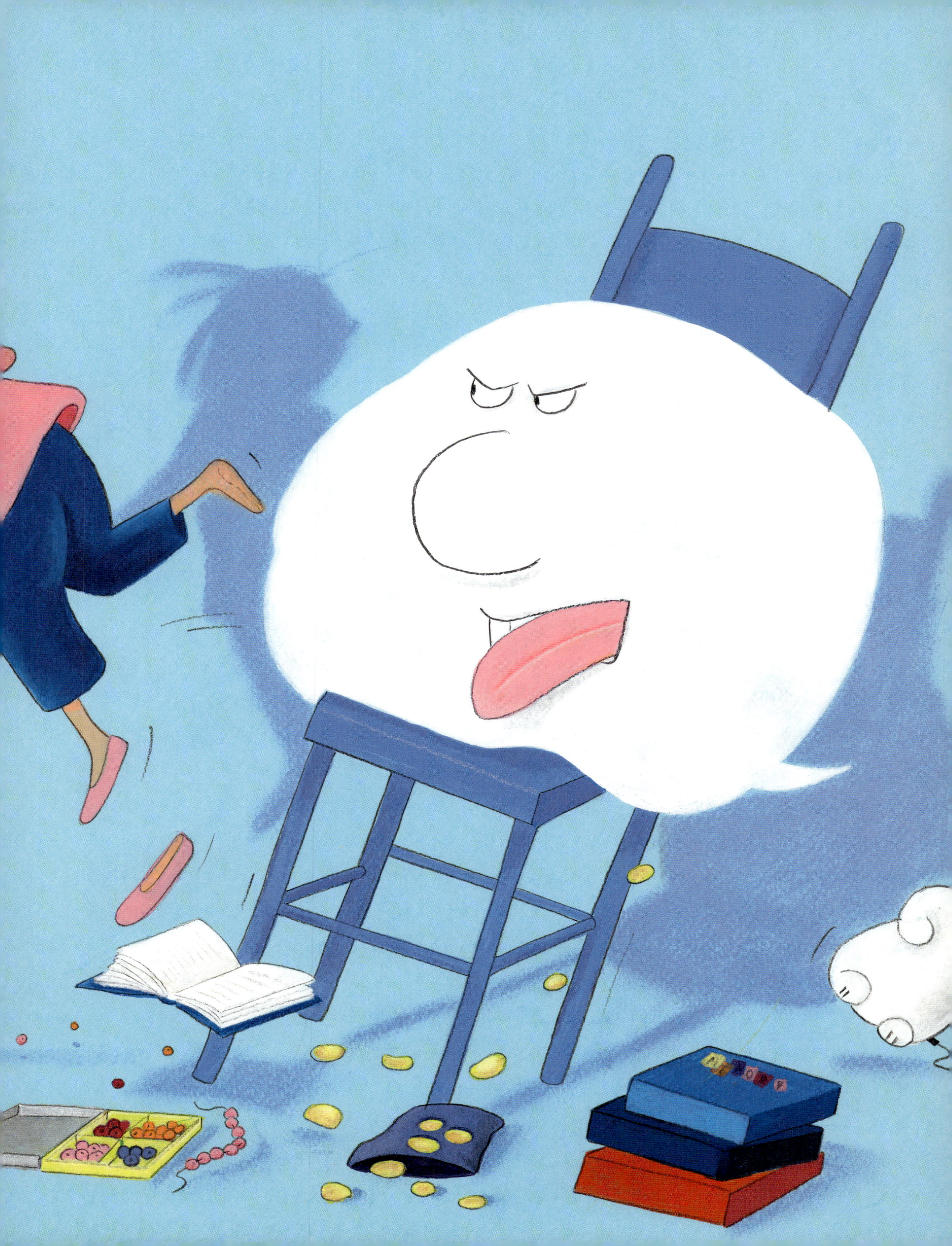

Leo blätterte in seinem Lieblingsbuch.
Laura hatte es ihm zum Geburtstag geschenkt.
Leo schaute die Zeichnung an, die an der Wand hing. Laura hatte einen Bären für Leo gemalt, als er krank war. Es war ein sehr schöner Bär.
»Ich geh rüber zu Laura«, sagte Leo zu seiner Mutter.
Das verstellte ihm den Weg. »Kommt nicht infrage!«, sagte es streng.

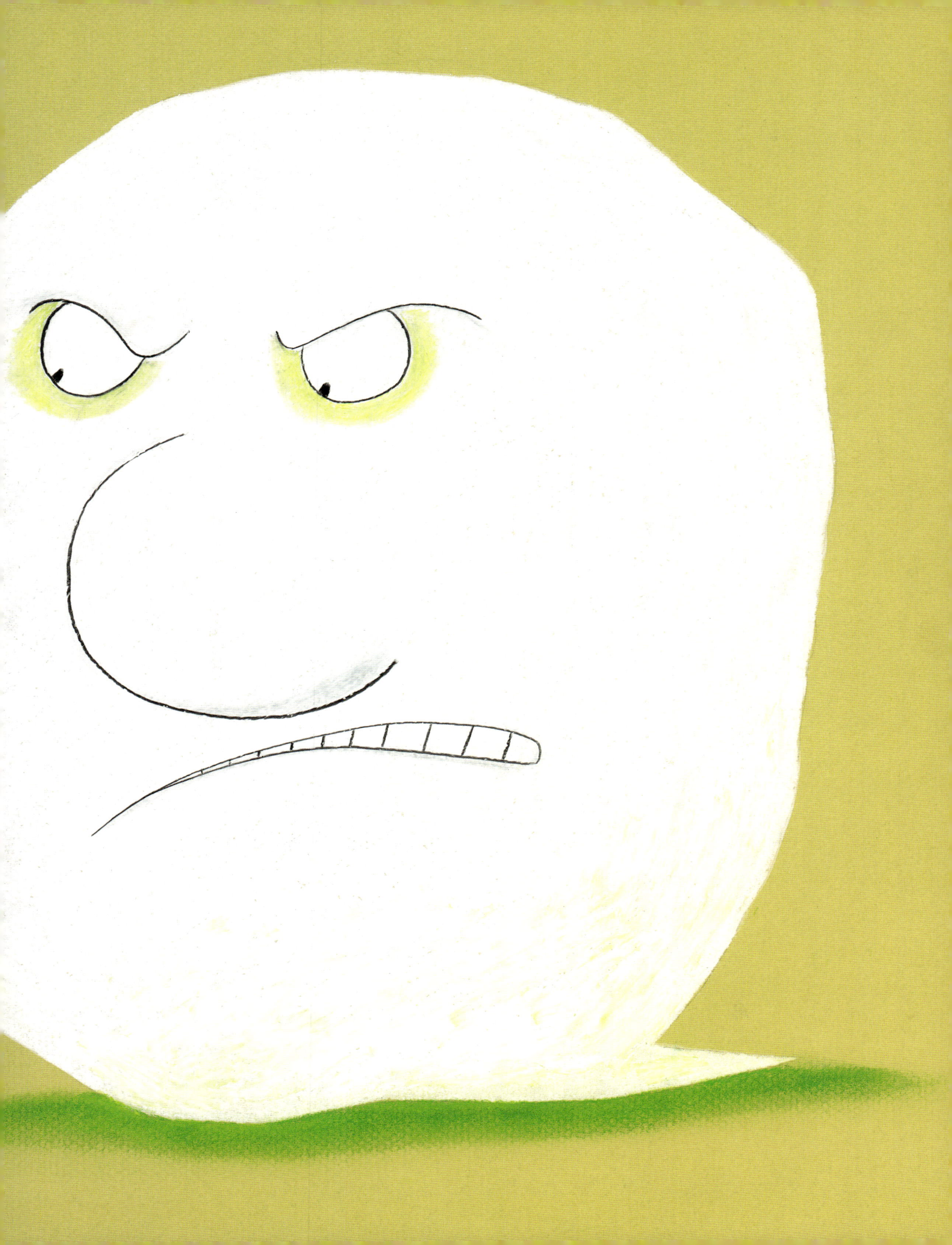

»Weg da«, sagte Leo. »Du hast mir gar nichts zu verbieten!« Er machte entschlossen die Wohnungstür auf. Da stand Laura vor ihm.

»Ich wollte dir nur sagen ...«, begann sie.
»Alles klar«, unterbrach sie Leo. »Ist schon okay.«
Unauffällig schaute er sich nach dem 🐭 um.
Aber es war verschwunden.

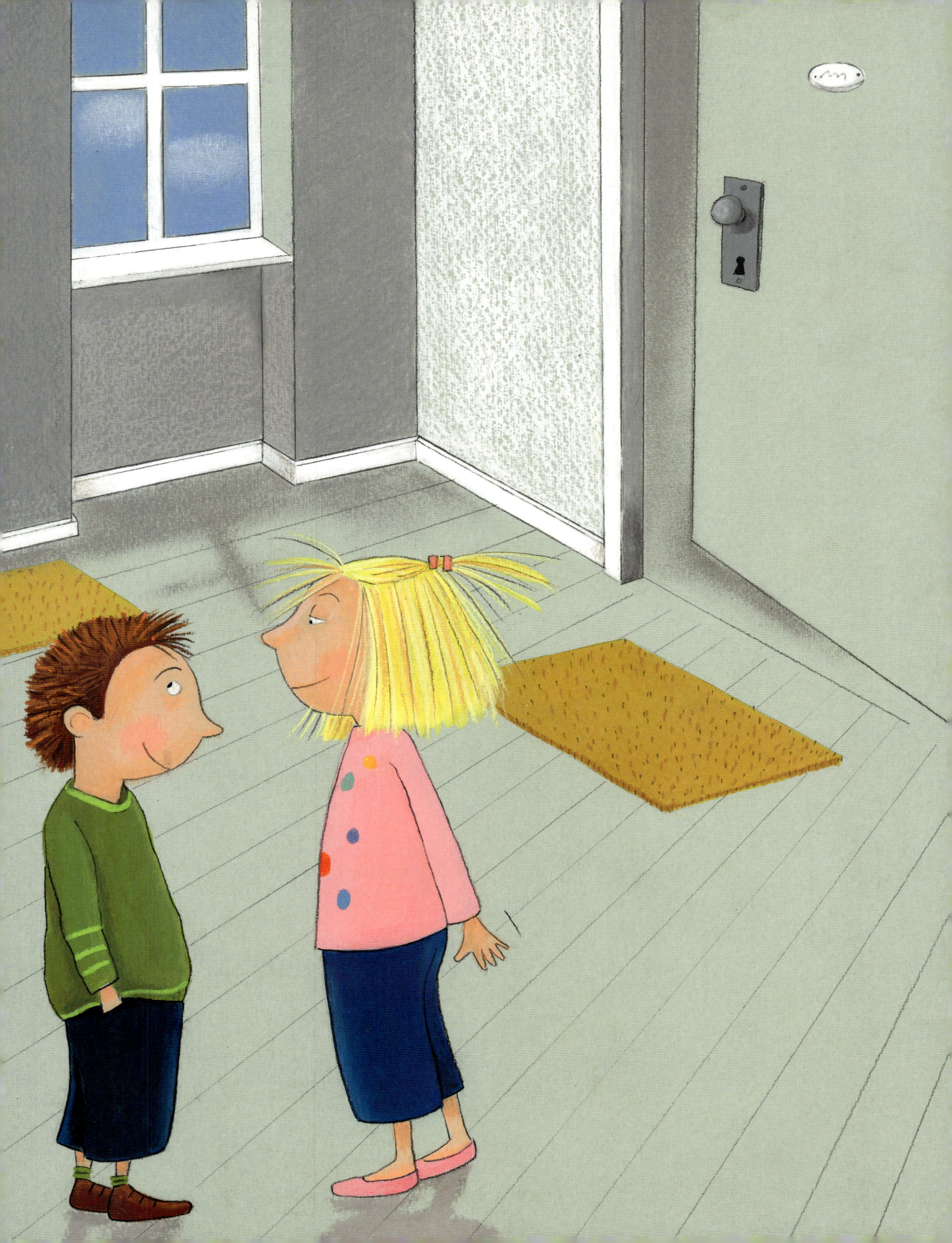

Knut hat Wut

Knut ist neugierig. Er zerlegt gerne Dinge, weil er sehen will, warum etwas fährt oder brummt oder hupt. Und er baut anschließend alles wieder zusammen, weil er damit spielen will.

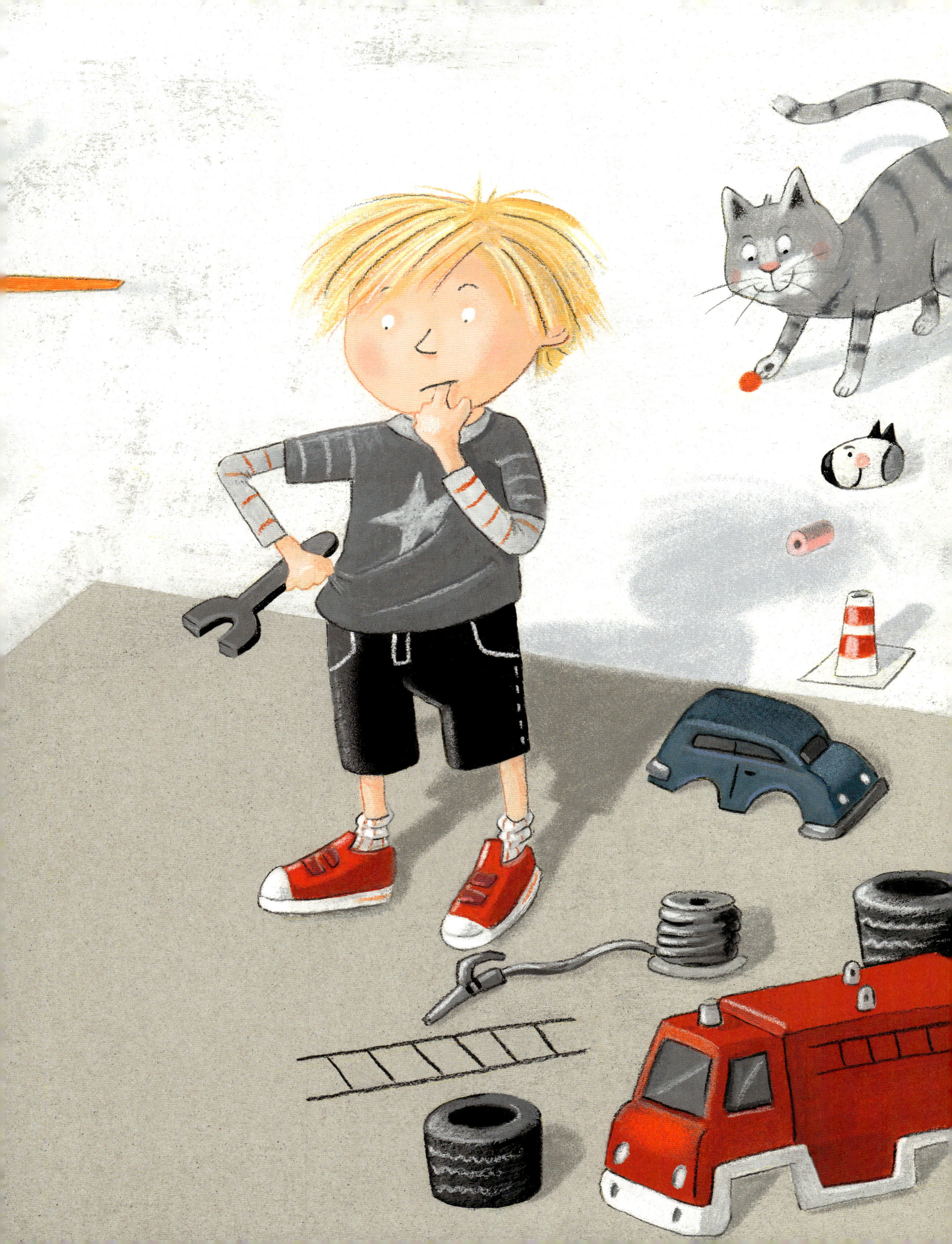

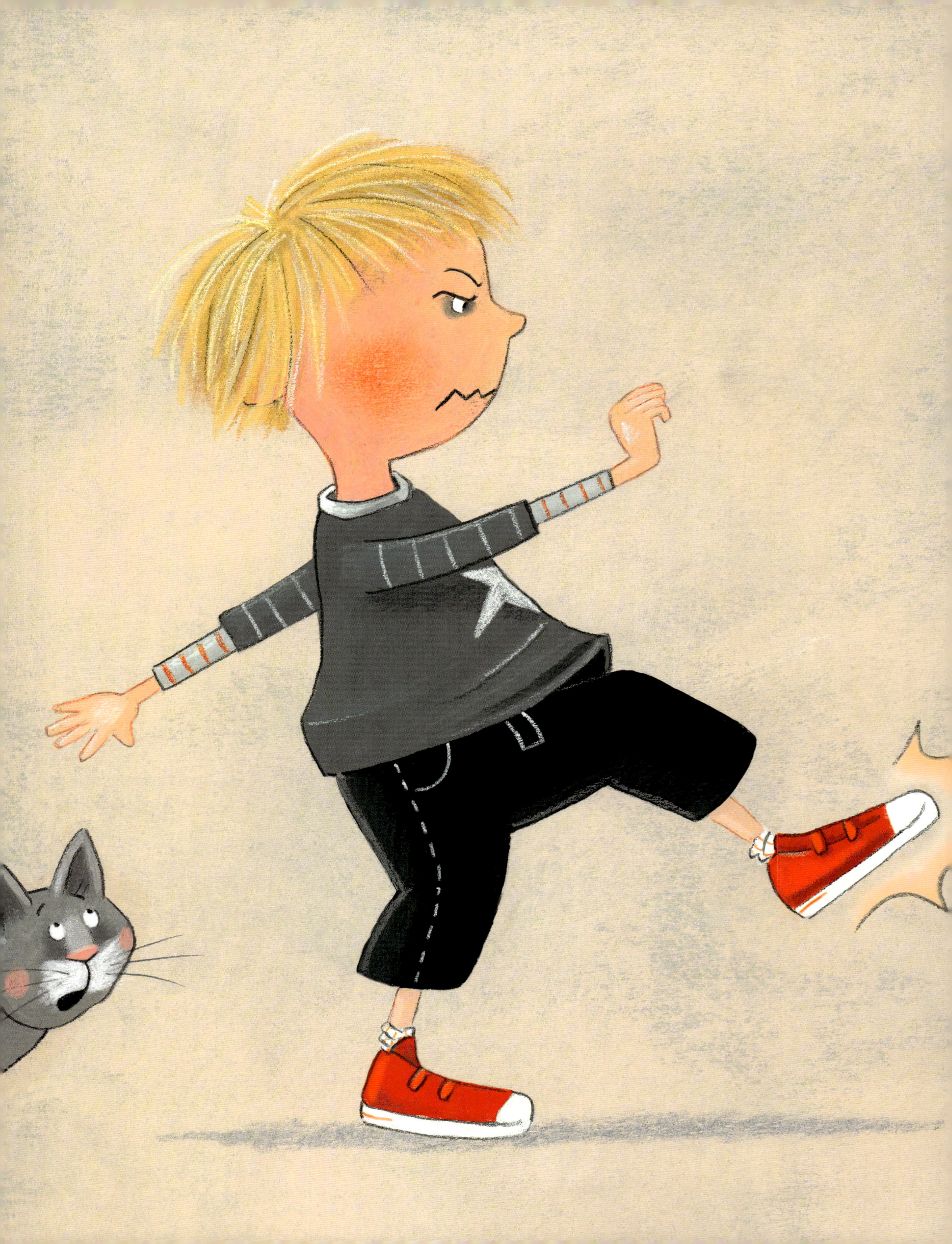

Das Feuerwehrauto fährt nicht mehr.
Obwohl alle Teile wieder im Feuerwehrauto drin sind.
Oder doch fast alle.
Knut kriegt Wut.
Er gibt dem Feuerwehrauto einen Tritt.

TRETEN IST GUT BEI WUT.

Ein kurzer Ton noch aus der Sirene,
dann bleibt sie stumm.
Knut nicht. Er brüllt so laut, dass Kater
Grizzly auf den Bücherschrank flüchtet.
Knut ist jetzt im Gesicht mindestens
so rot wie das Feuerwehrauto.

SCHREIEN IST GUT BEI WUT.

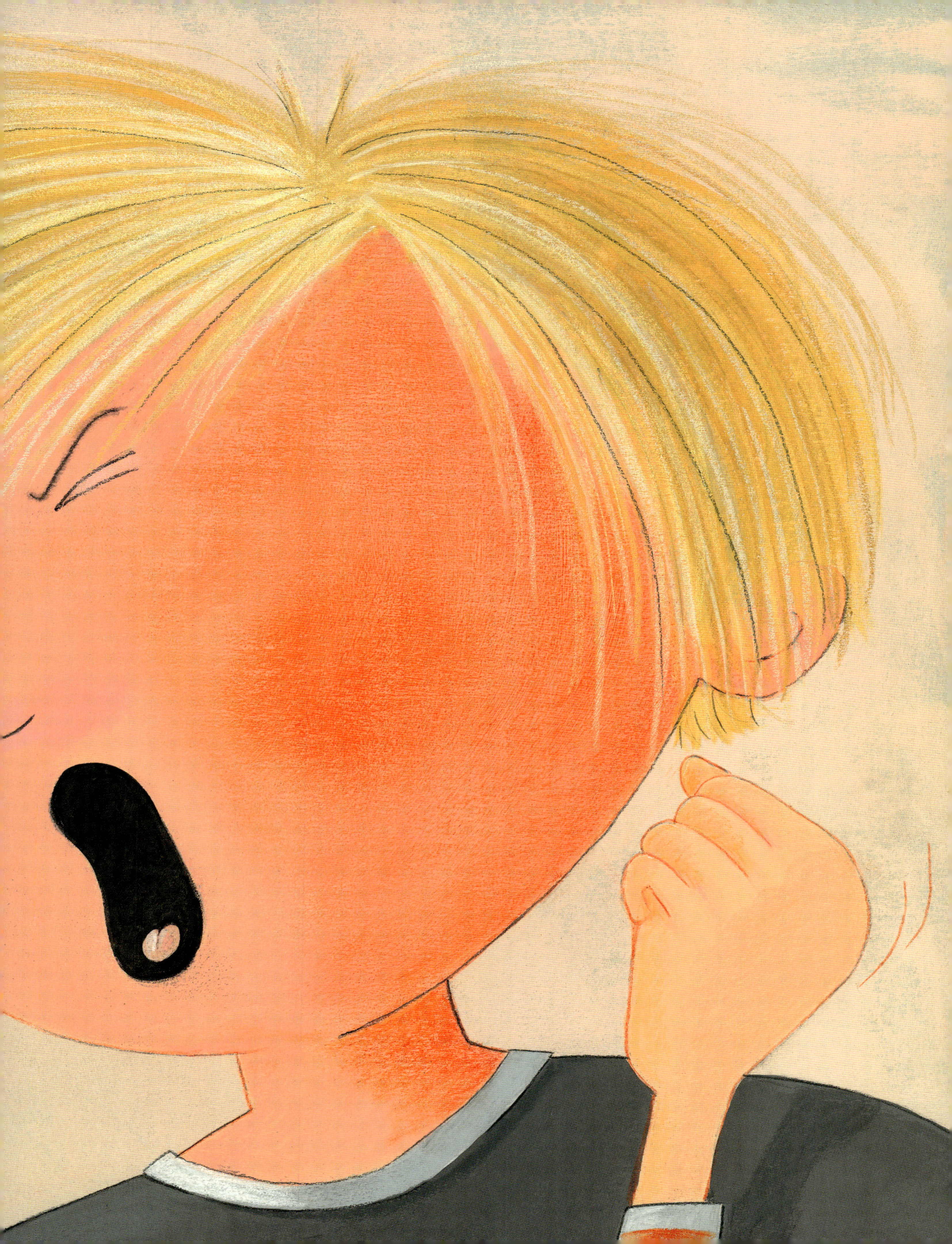

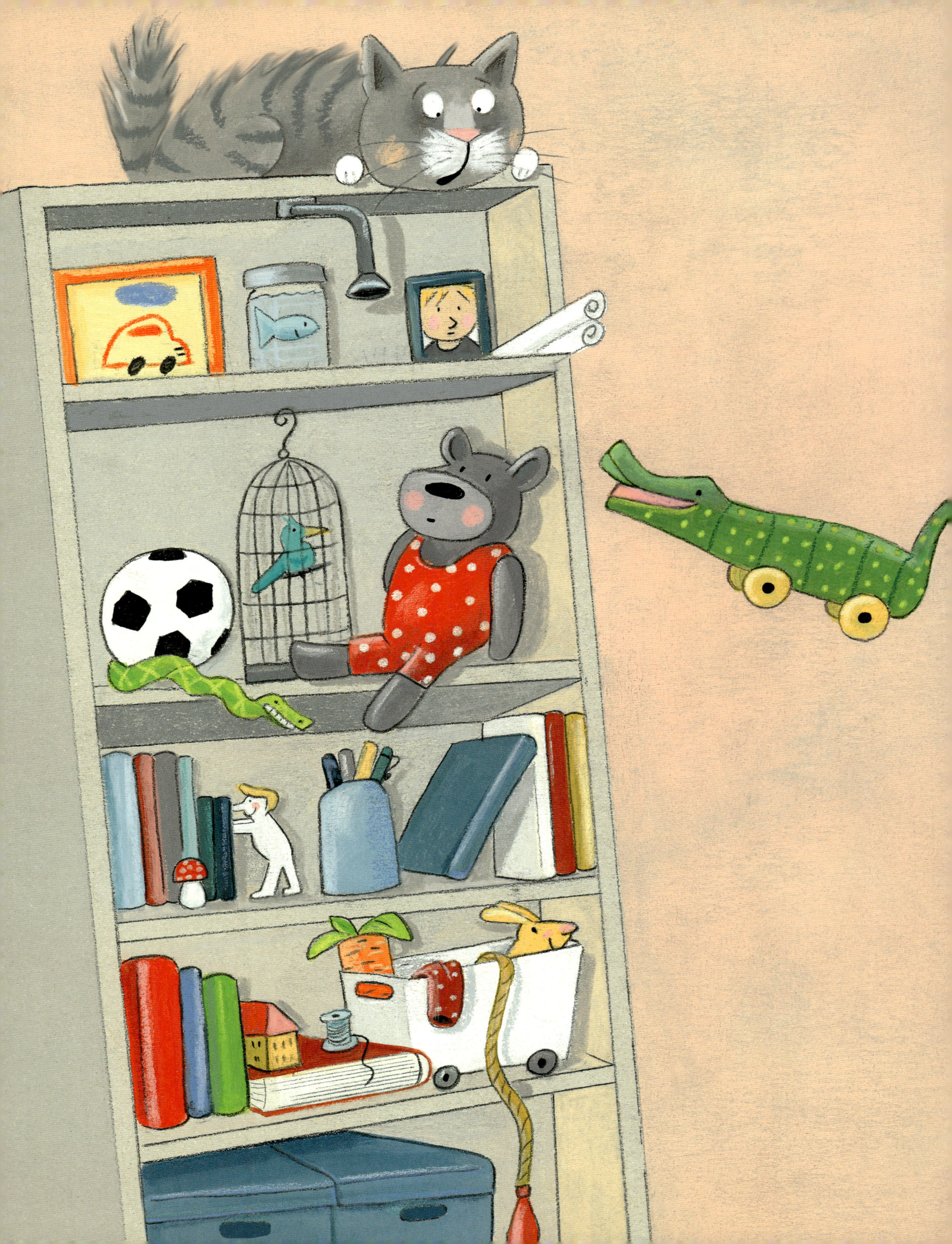

Grizzly ist Knuts bester Freund.
Aber jetzt sitzt Knuts bester Freund hoch auf
dem Bücherregal und schaut ihn erstaunt an.
Das macht Knut noch wütender.
Knut greift nach dem nächsten Ding,
das ihm in die Finger kommt,
und wirft es nach dem Kater.

WERFEN IST GUT BEI WUT.

Das Krokodil verfehlt sein Ziel nur ganz knapp.
Knut vergisst vor Schreck zu schreien.
Man wirft nicht nach seinem besten Freund.
Schon gar nicht mit Krokodilen.
Grizzly faucht empört und bringt
sich vor Knuts Wut in Sicherheit.

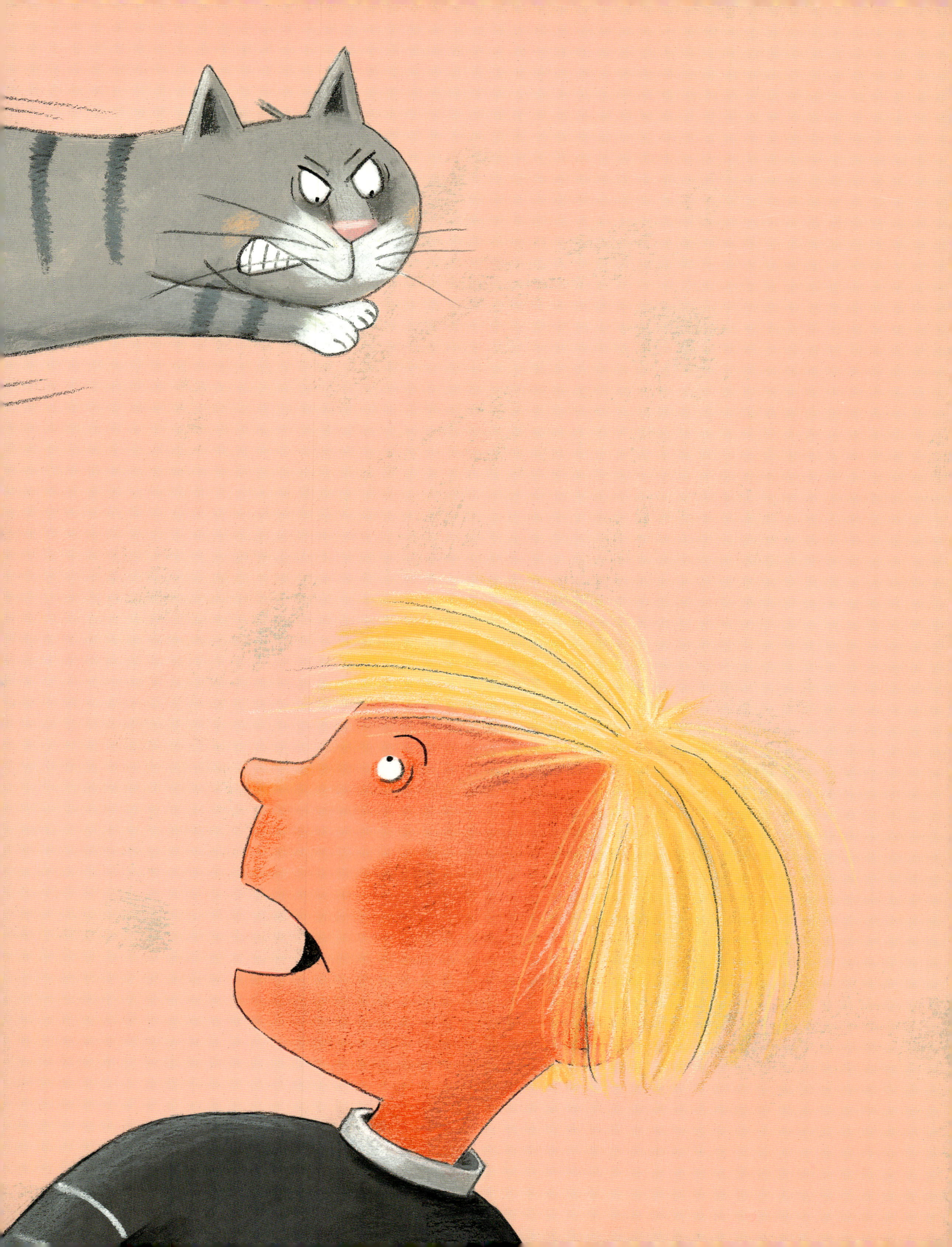

Etwas Seltsames passiert.
Die Wut verblasst, verraucht, verschwindet.
Das Feuerwehrauto ist auf einmal gar nicht mehr wichtig.
»Wo ist Grizzly?«, fragt Knut seine Mutter.
»Katzen haben empfindliche Ohren«, sagt Knuts Mutter.
»Vielleicht ist es ihm hier zu laut geworden.«

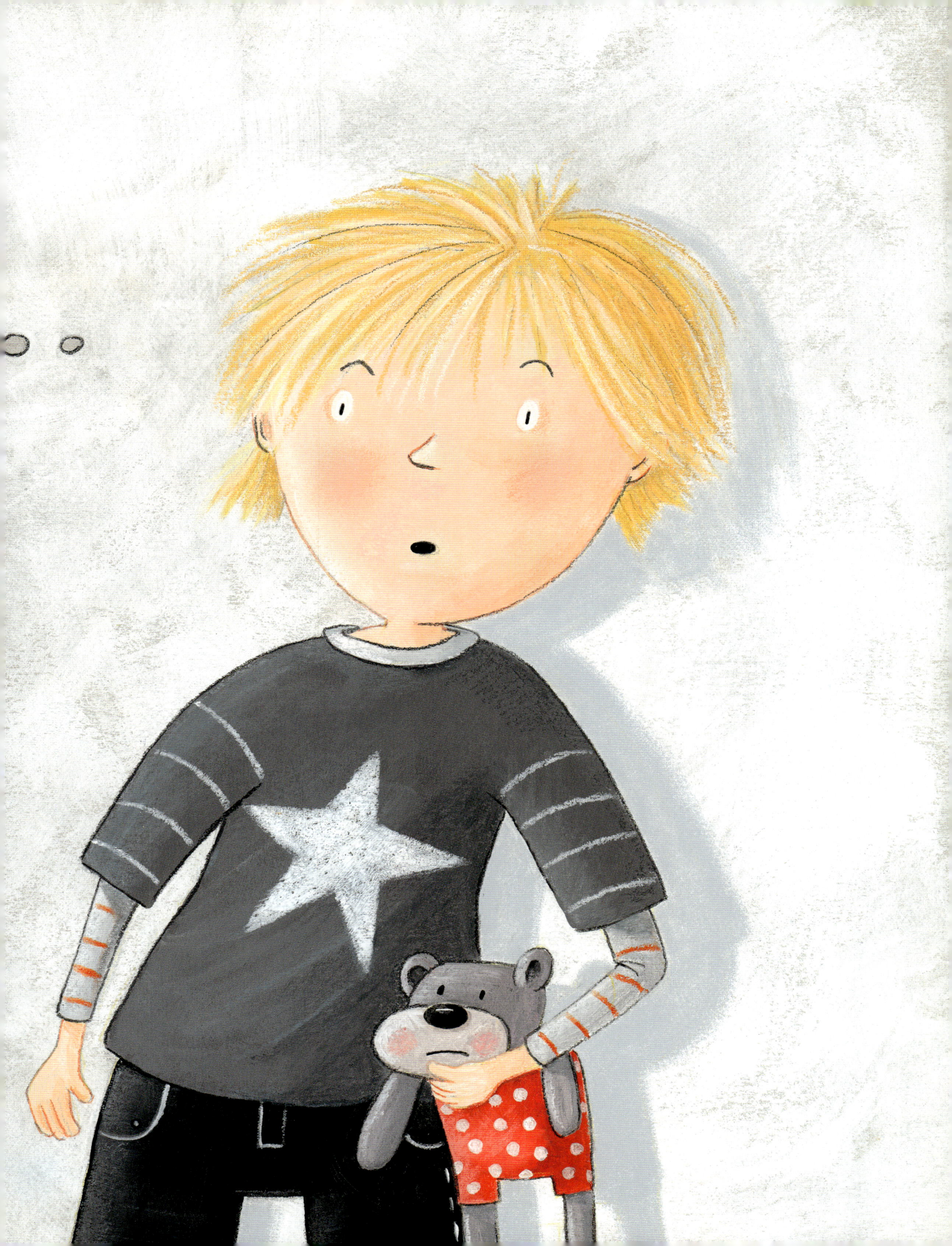

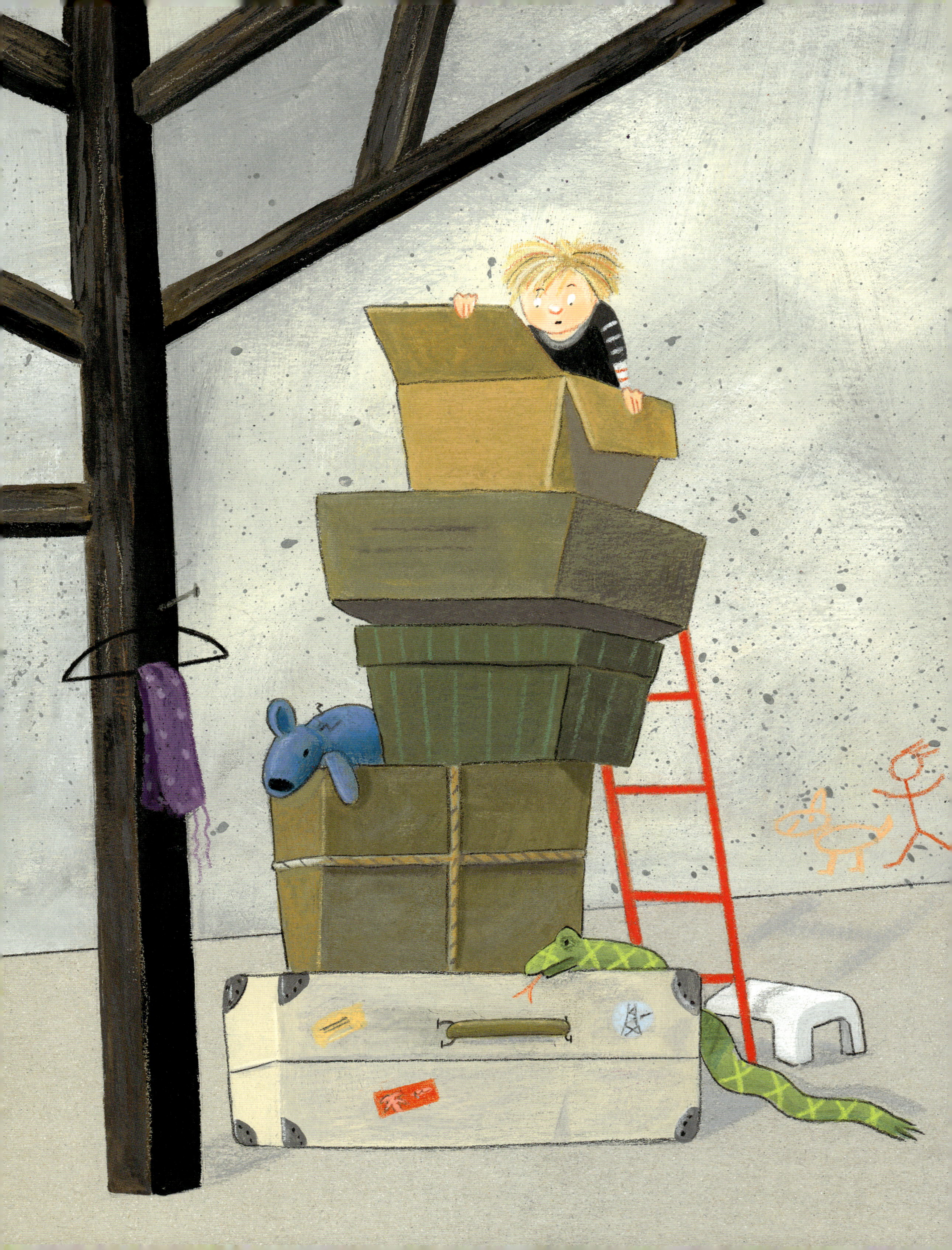

Knut sucht im Garten. Er sucht im Keller und auf dem Dachboden. Grizzly ist nicht zu finden. Knut bekommt Angst. Vielleicht sucht sich Grizzly einen Freund, der nicht so oft wütend wird? Der nicht so laut brüllt, nach Feuerwehrautos tritt und mit Krokodilen wirft?

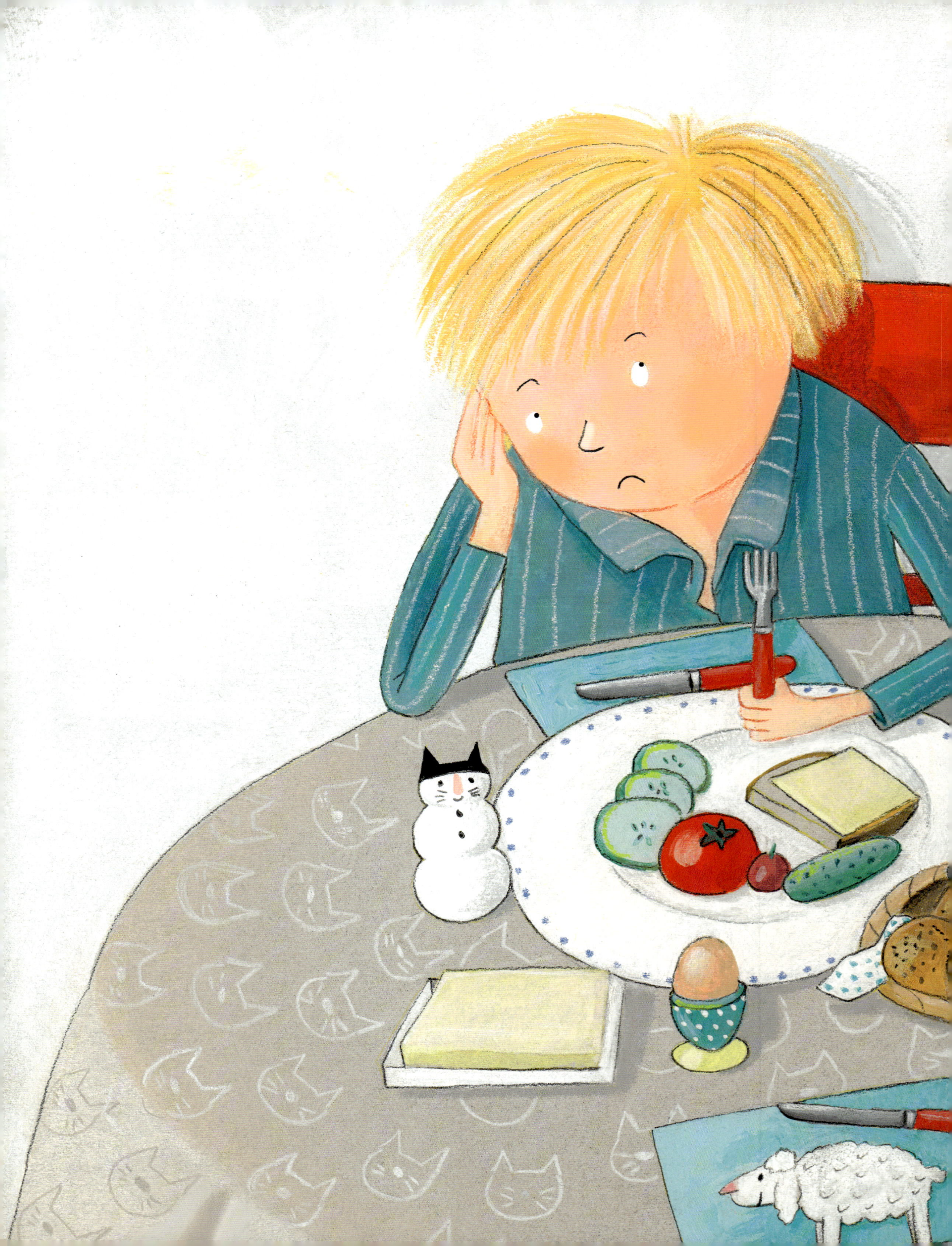

Beim Abendessen ist Grizzly noch immer nicht zurück.
»Warum werde ich so wütend?«, fragt Knut.
»Du bist wie ein Dampfkochtopf«, sagt seine Mutter. »Wenn der Dampf nicht raus könnte, würde er platzen.«
»Ist schon mal jemand vor Wut geplatzt?«, fragt Knut.

»Hm«, macht Knuts Mutter. »Eine interessante Frage.
In den Nachrichten hört man nie etwas über Menschen,
die vor Wut geplatzt sind. Aber eine Menge darüber,
was sie aus Wut getan haben.«

Grizzly taucht plötzlich auf und geht zu seiner Futterschüssel.
Aber als Knut ihn streicheln will, weicht er aus.
»Er mag mich nicht mehr«, sagt Knut.
Das macht ihn nicht wütend, sondern traurig.

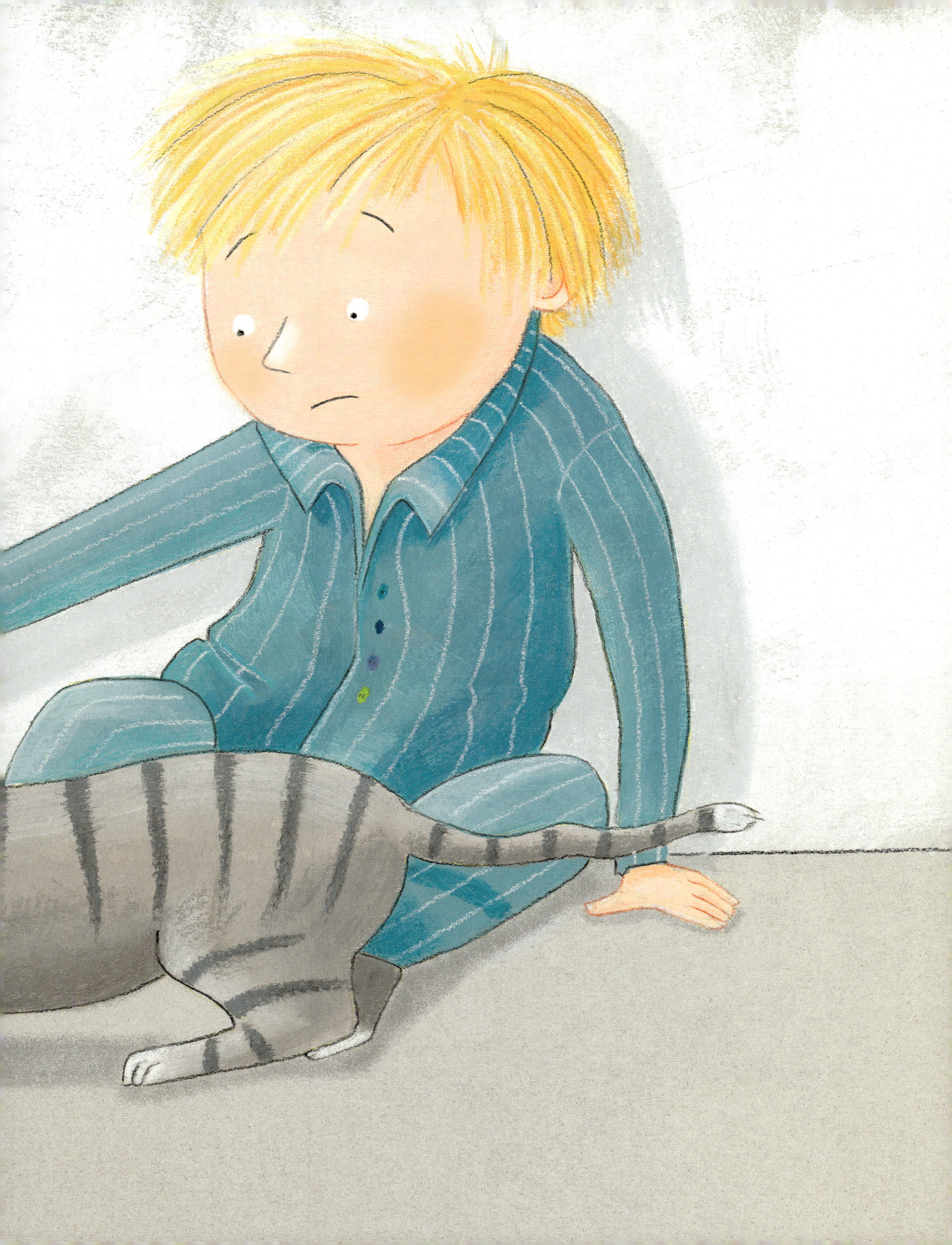

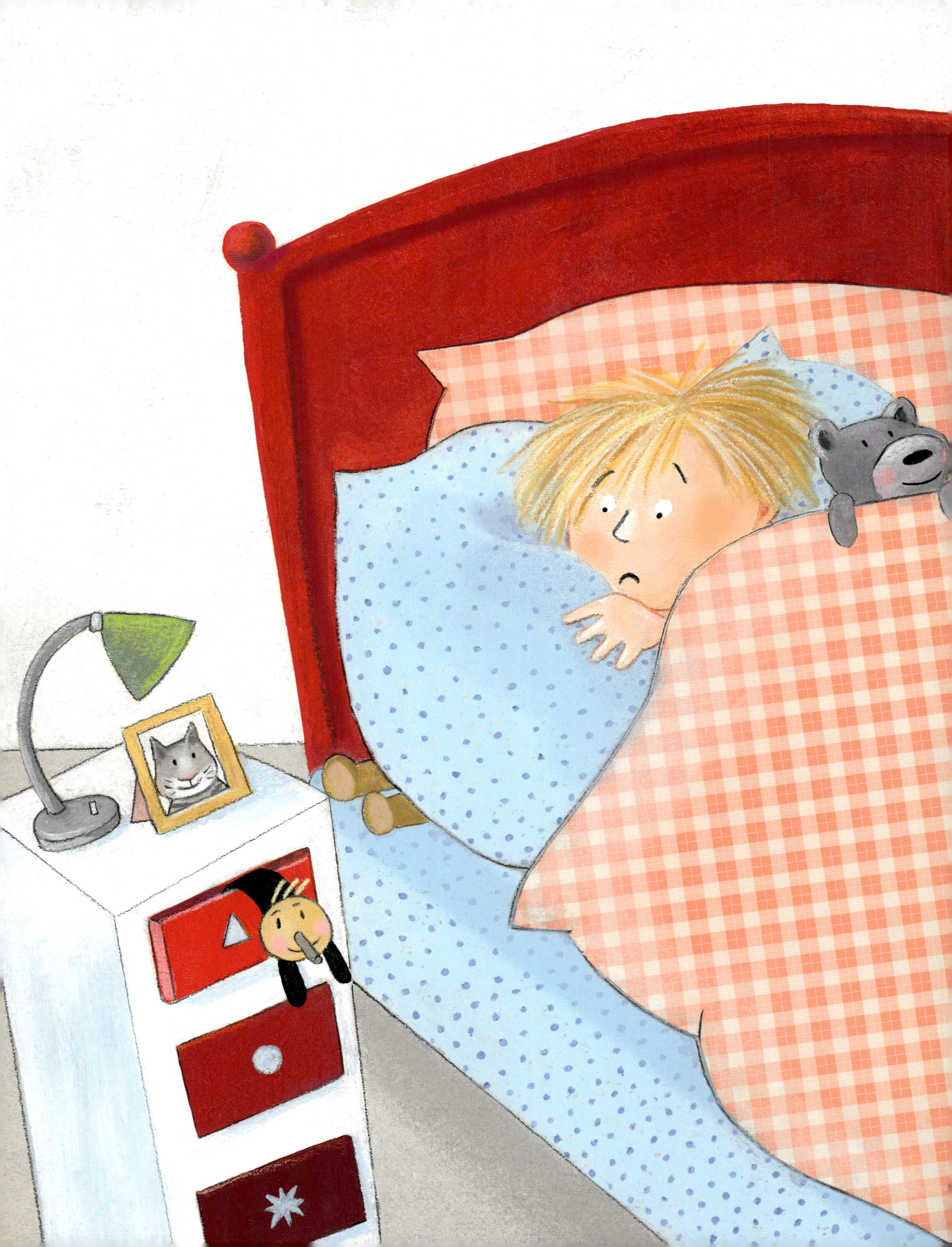

Noch ein bisschen später hat Knuts Vater das
Feuerwehrauto repariert.
Und seine Mutter ihm eine Geschichte vorgelesen.
Nur Grizzly liegt nicht wie sonst auf seiner Bettdecke.
Katzen sind ausdauernder im Übelnehmen als Eltern.
»Dabei habe ich morgen Geburtstag«, sagt Knut leise.

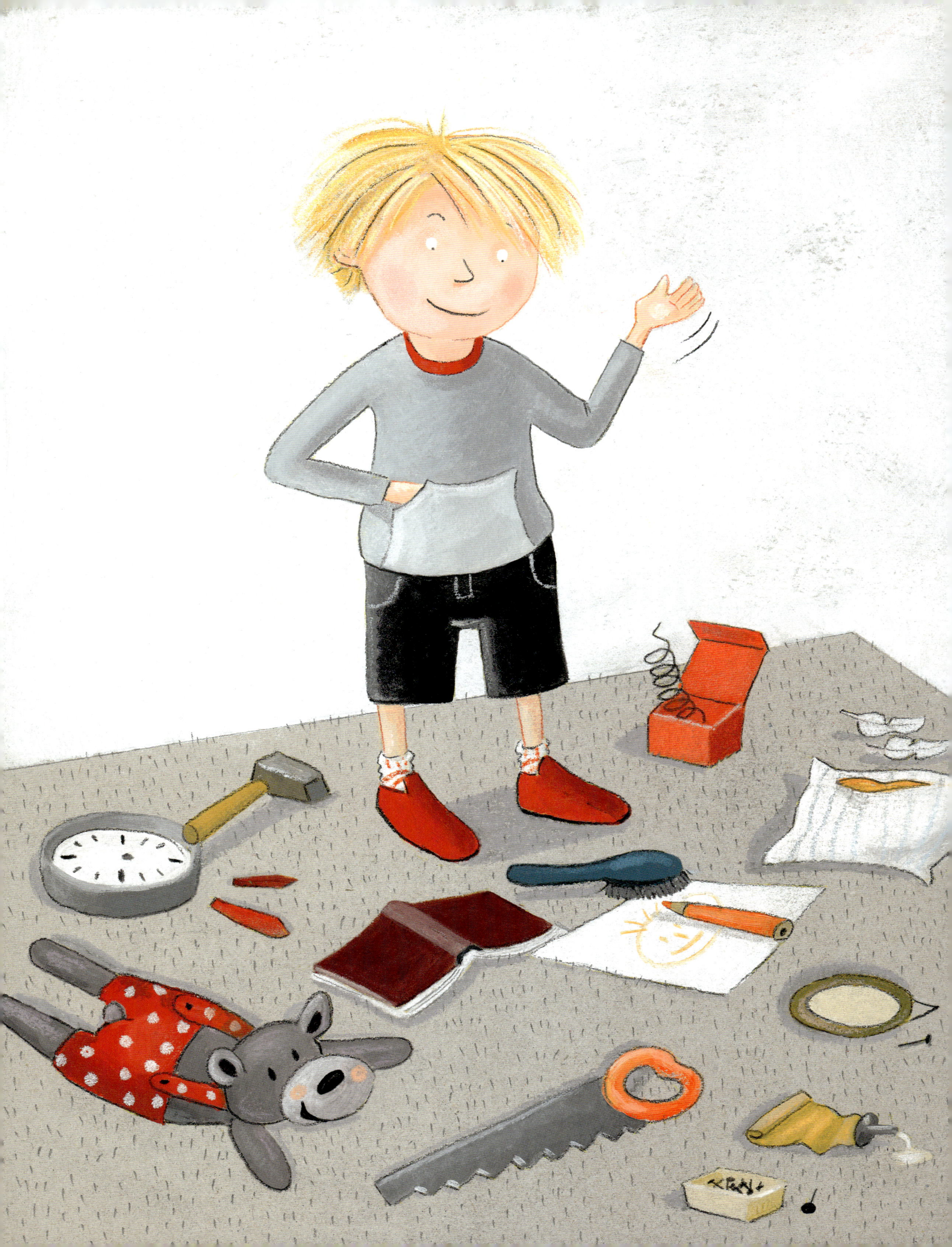

Unter Knuts Geburtstagsgeschenken war ein Flugzeugmodell.
Knut hat es zusammengebaut. Genau nach Anleitung.
Aber es will nicht fliegen. Kein bisschen.
Knut hat das Gefühl, dass sein Teddybär über ihn lacht.
Aber Knut tritt nicht nach dem Flugzeug.
Er wirft nicht mit Krokodilen.
Er brüllt kein bisschen.

TROTZ WUT.

Er geht ganz einfach dorthin, wo sein liebstes Geburtstagsgeschenk auf ihn wartet.

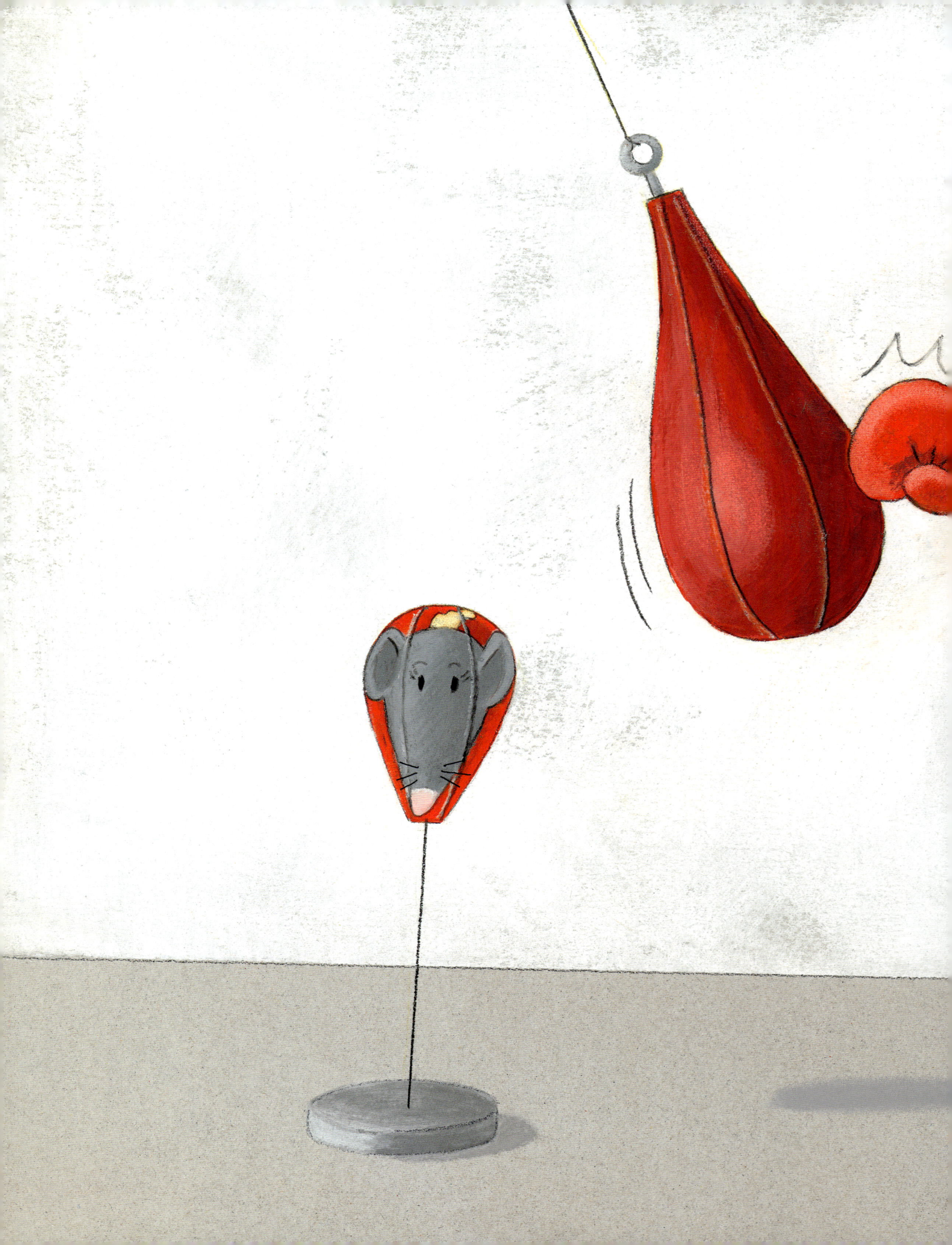

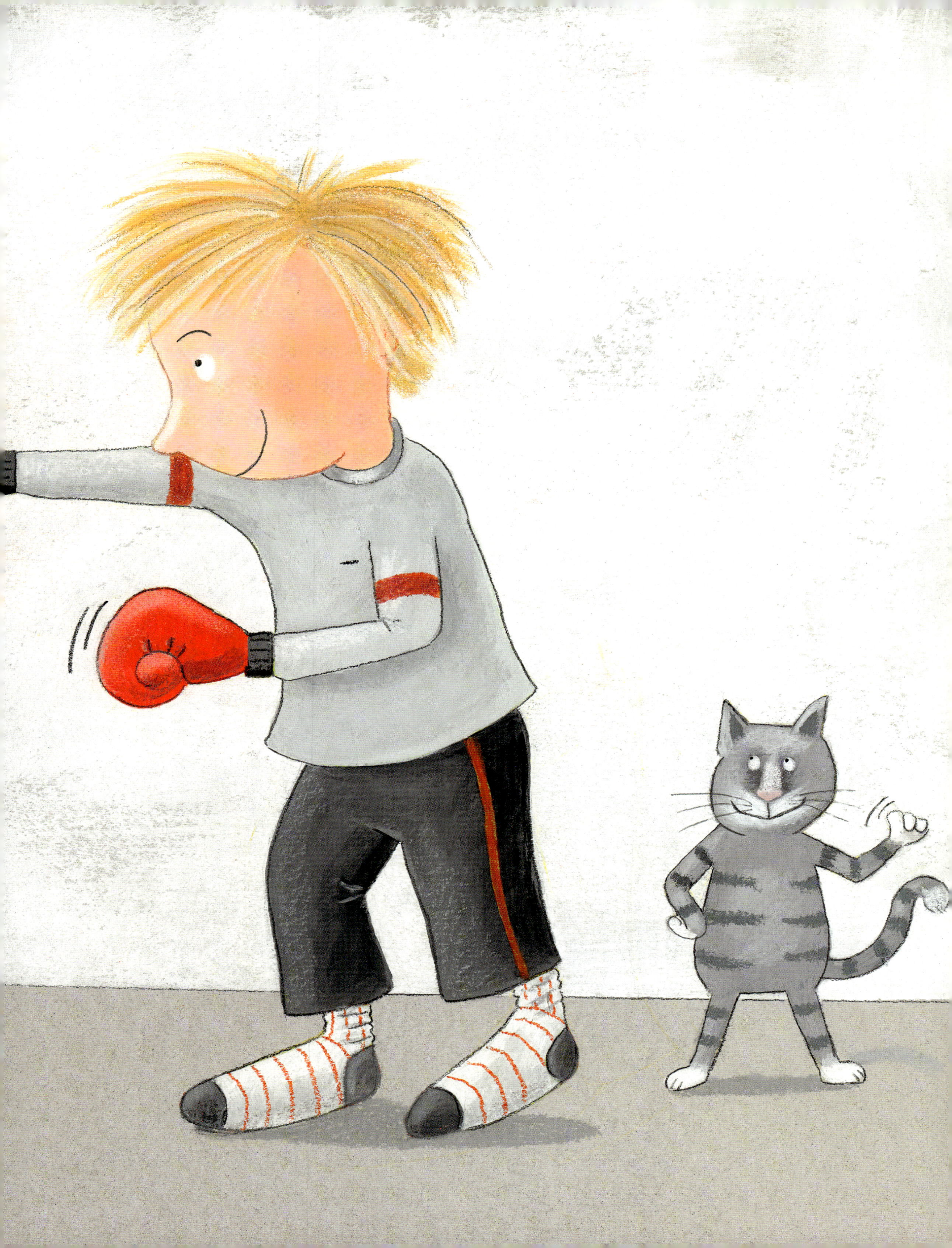

WENN DIE WUT KOMMT ...

... geht Nina in ihr Zimmer,
hängt ein Verbotsschild an die Tür
und hört ihre Lieblings-CD.

... sagt Marc mindestens zehnmal
sein Wut-weg-Wort: Schockschleimiger-
schlumpfschlabberschneckschreck.

... erzählt Ronja ihrem Lieblingsstofftier
(es ist ein Wildschwein), was sie so nervt.

**Und du? Was machst du,
wenn die Wut kommt?**

König
Wirklichwahr

»Weißt du, wo mein Lippenstift sein könnte?«,
rief Leos Mutter.
Sie klang leicht genervt.
»Keine Ahnung«, sagte Leo und malte
seelenruhig weiter.

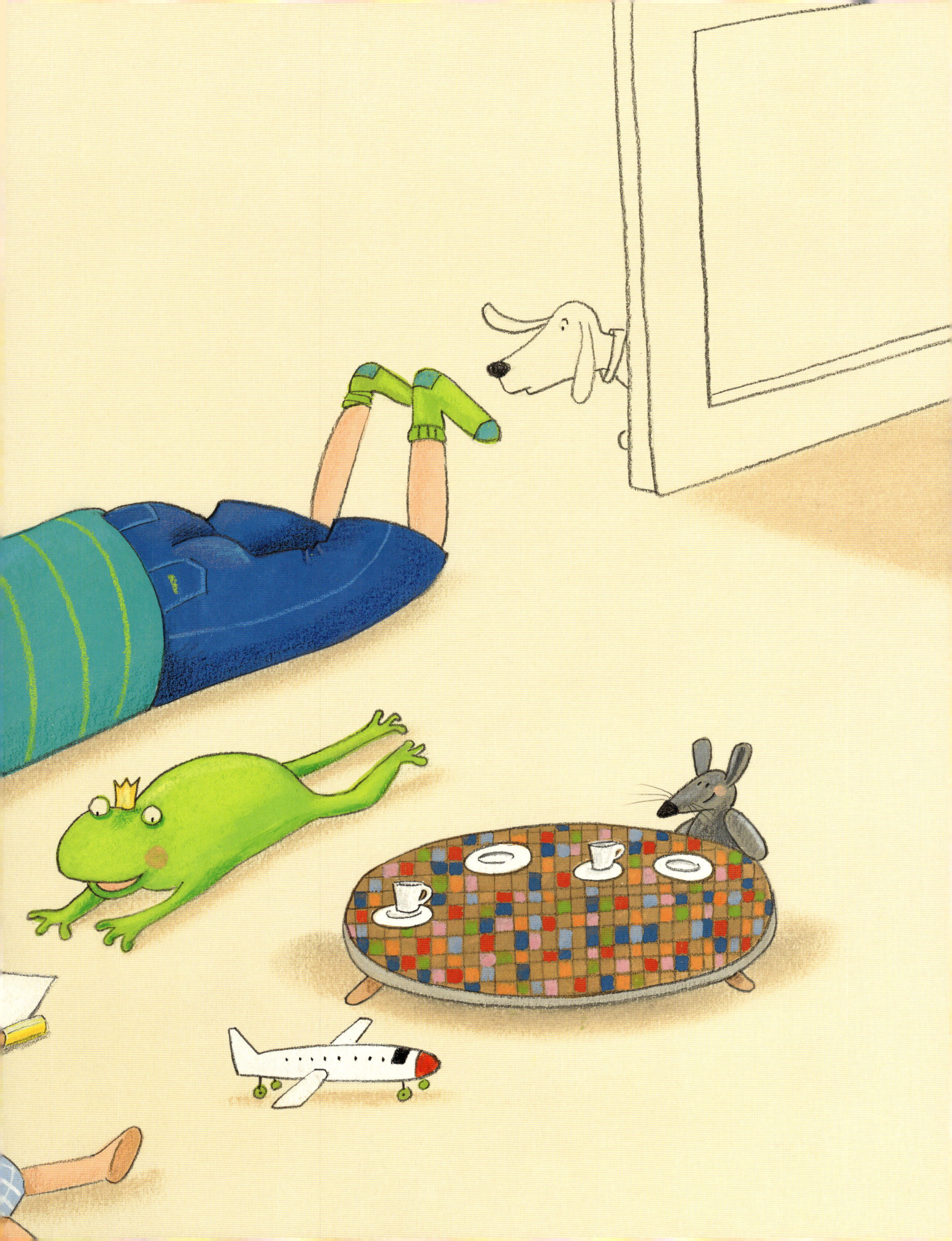

Leos Mutter stand plötzlich in der Tür zu Leos Zimmer. »Es geht mir nicht um meinen Lippenstift«, sagte sie.

»Aber wenn ich ich dich etwas frage, will ich darauf eine wahrheitsgemäße Antwort.«
»Dann hättest du doch den Lippenstift wiederhaben wollen«, antwortete Leo. »Und ich war noch nicht fertig.«
»Trotzdem«, beharrte Leos Mutter. »Man muss immer die Wahrheit sagen. Das weißt du doch.«

»Wie gefällt dir meine neue Frisur?«, fragte Laura am nächsten Tag in der Schule.
Leo betrachtete eingehend die Neuigkeiten auf Lauras Kopf.
»Gar nicht«, sagte er dann. »Jetzt sieht man, dass du zu große Ohren hast.«
»Meine Ohren sind genau richtig«, sagte Laura gekränkt.
Sie wartete nach der letzten Stunde nicht auf Leo.
Wie sonst immer.

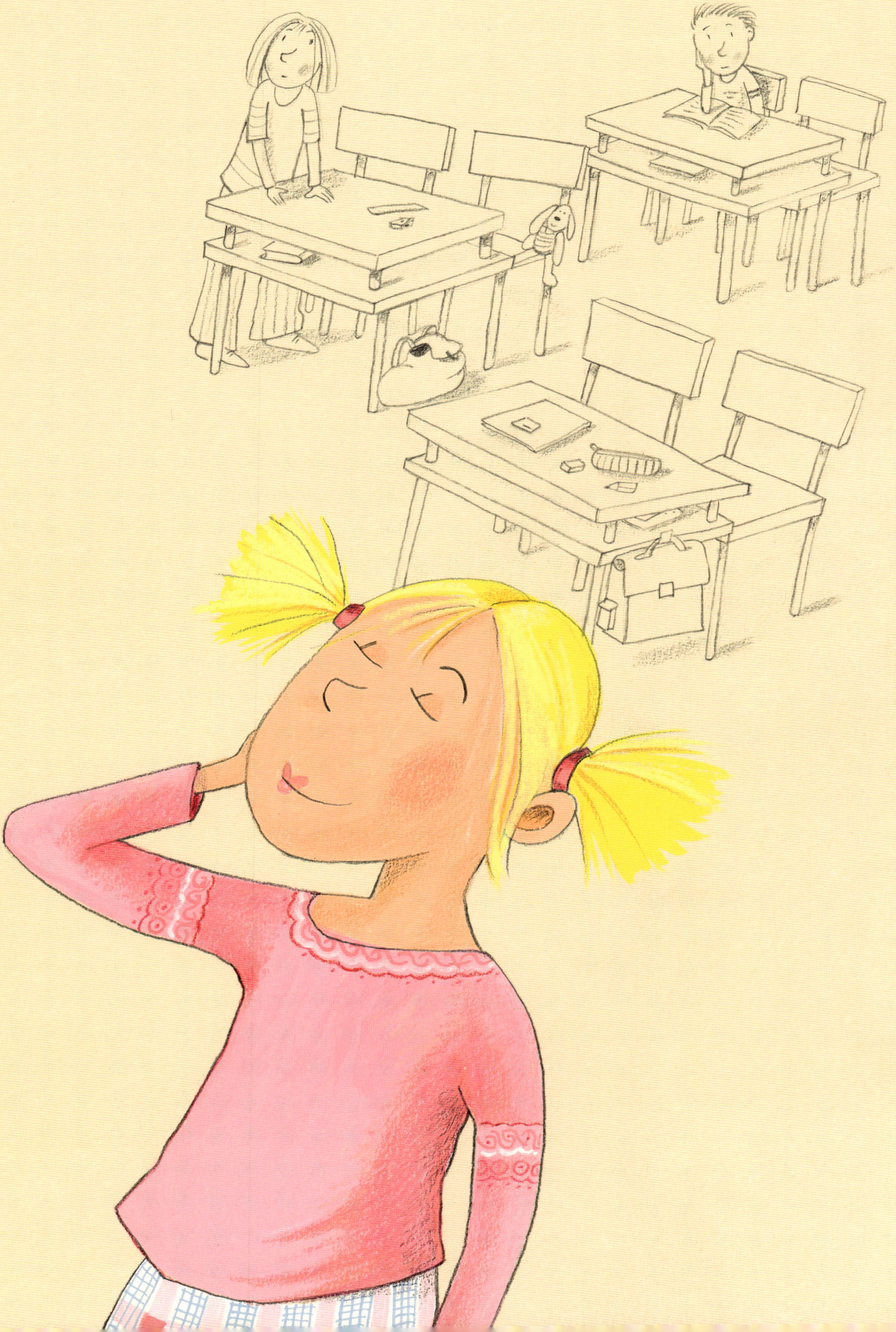

Am nächsten Tag griffelte Simon mit einiger Mühe einen Satz an die Tafel.
Die Lehrerin schüttelte den Kopf, als sie hereinkam.
»Falsch. In jeder Hinsicht. Wer hat das geschrieben?«
Niemand meldete sich.
»Leo«, sagte die Lehrerin. »Weißt du es?«
»Ja«, antwortete Leo. »Aber ich darf es nicht sagen, weil sonst der Simon total sauer auf mich ist.«
Natürlich war Simon total sauer auf Leo.

DIE LERERIN ISST BLÖT

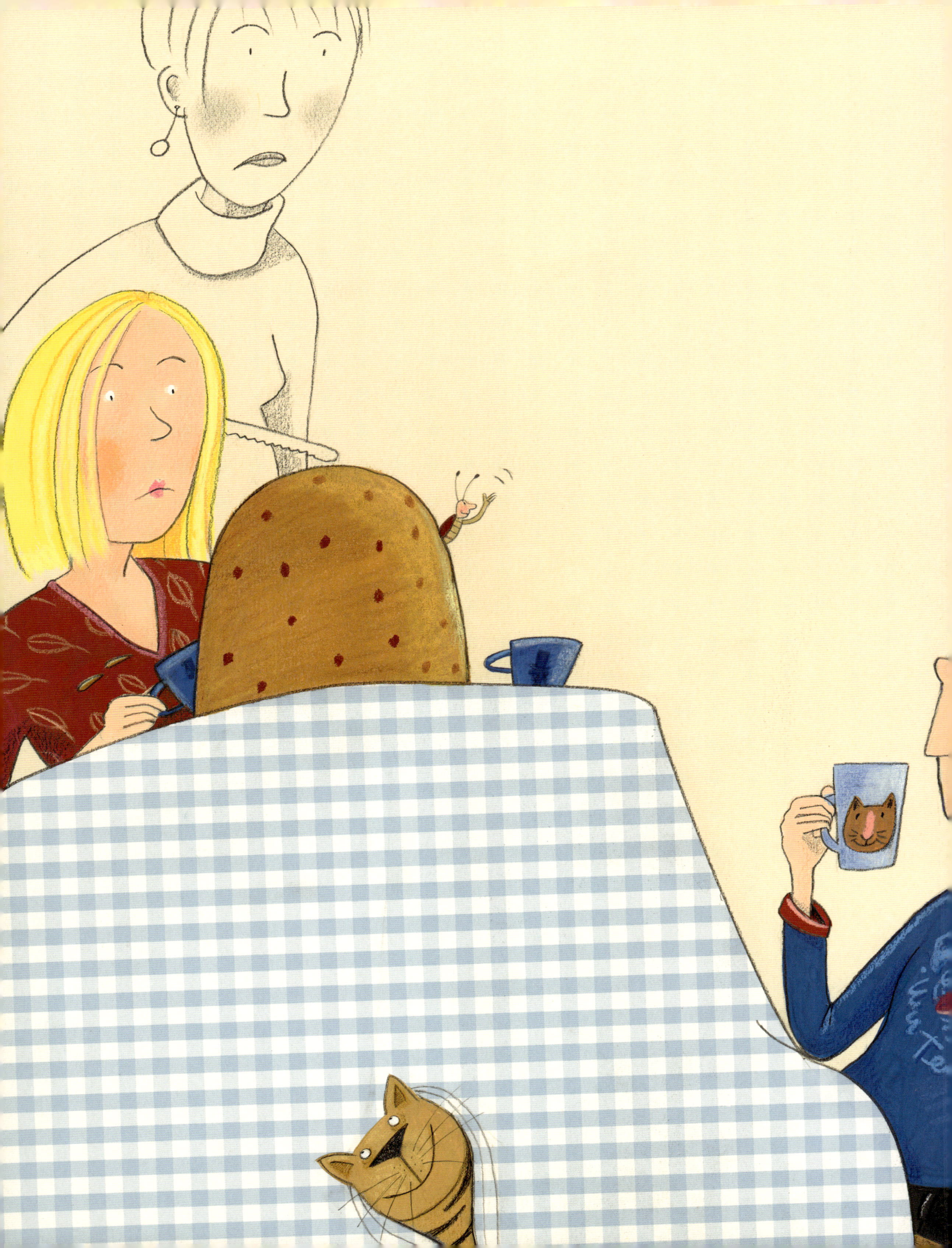

»Wir sind bei Tante Karin eingeladen«, sagte Leos Mutter nach dem Mittagessen.
Leo zog ein Gesicht. »Da gibt's bestimmt wieder diesen Kuchen mit Käfern drin.«
Leos Mutter lachte. »Du meinst den Rosinenkuchen? Ich mag ihn eigentlich auch nicht.«
Der Kuchen stand schon auf dem Tisch, als sie zu Tante Karin kamen.
»Du möchtest bestimmt ein großes Stück, nicht wahr?«, fragte Tante Karin.
Leo schüttelte energisch den Kopf. »Nicht einmal ein kleines«, sagte er.
»Du bist der Erste, dem mein Rosinenkuchen nicht schmeckt«, bemerkte Tante Karin spitz.
»Der Zweite«, verbesserte Leo. »Mama mag ihn auch nicht.«
Leo merkte, dass seine Mutter überhaupt nicht froh darüber war, die Wahrheit zu hören.

Später saß Leo völlig verbittert auf seinem Bett.
Alle behaupten immer, man muss die Wahrheit sagen, dachte er.
Aber man hat nichts als Ärger davon.
Genau während er das dachte, bemerkte er es.
Etwas in seinem neuen Bilderbuch bewegte sich.
Dann tauchte zwischen zwei Seiten ein hochroter Kopf auf.
Mit schief sitzender Krone.
»Wirklich wahr – dich gibt's?«, fragte Leo.
»Wirklich und wahr«, sagte der König und plumpste wenig
würdevoll auf den Nachttisch. »König Wirklichwahr in voller Größe.
Mir scheint, du hast ein paar Leute verärgert?«
Leo nickte finster.
Der kleine König rückte seine Krone zurecht.
»Das Problem mit der Wahrheit ist, dass man sie erst finden muss.«
»Wirklich wahr?«, fragte Leo.
»Aber die Wahrheit ist doch sonnenklar.«

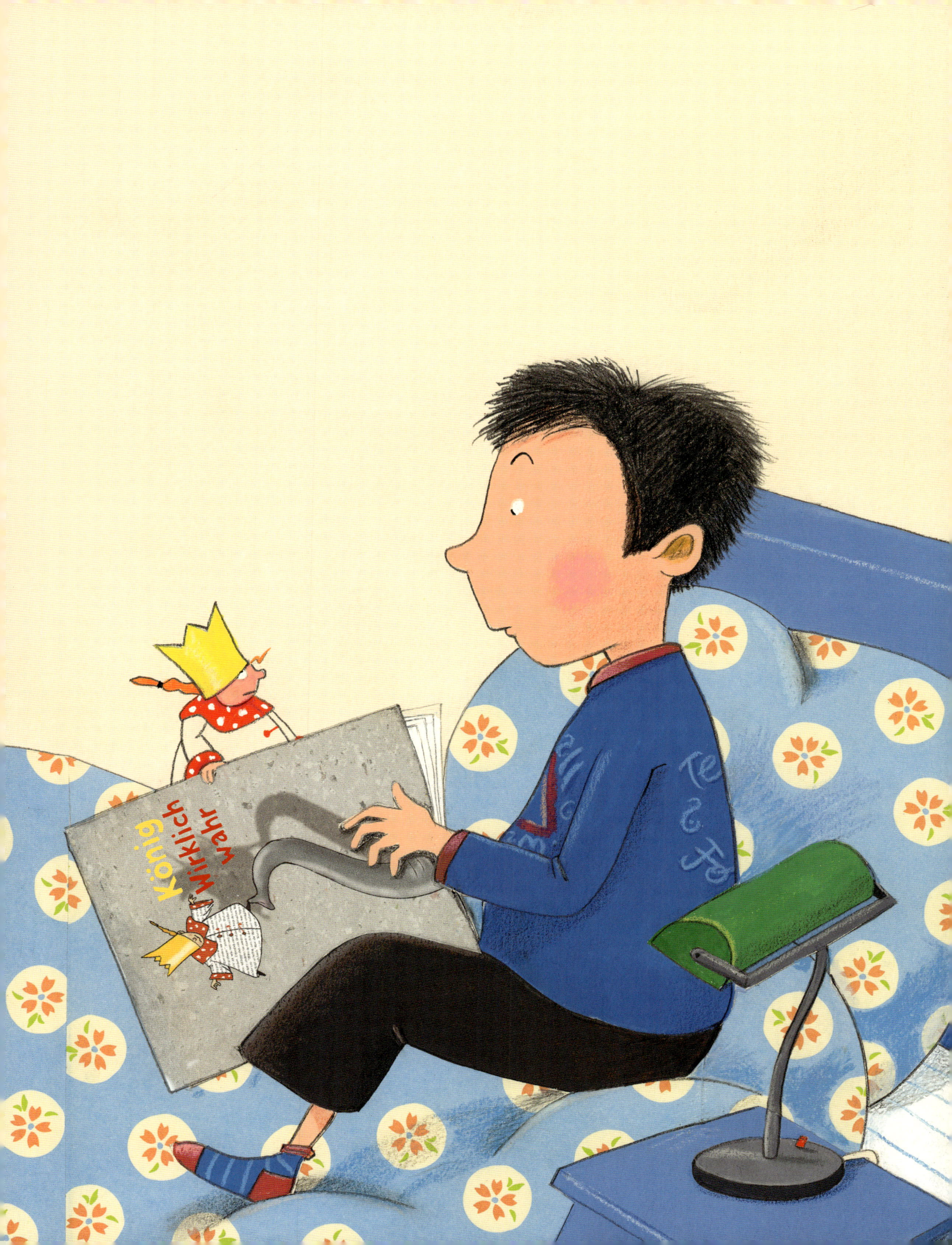
König
Wirklich
wahr

»Meinst du?« Der König schob seine Krone hoch, sie war ihm sichtlich etwas zu groß. »Nehmen wir einmal an, du begegnest auf dem Schulweg einem Außerirdischen.«

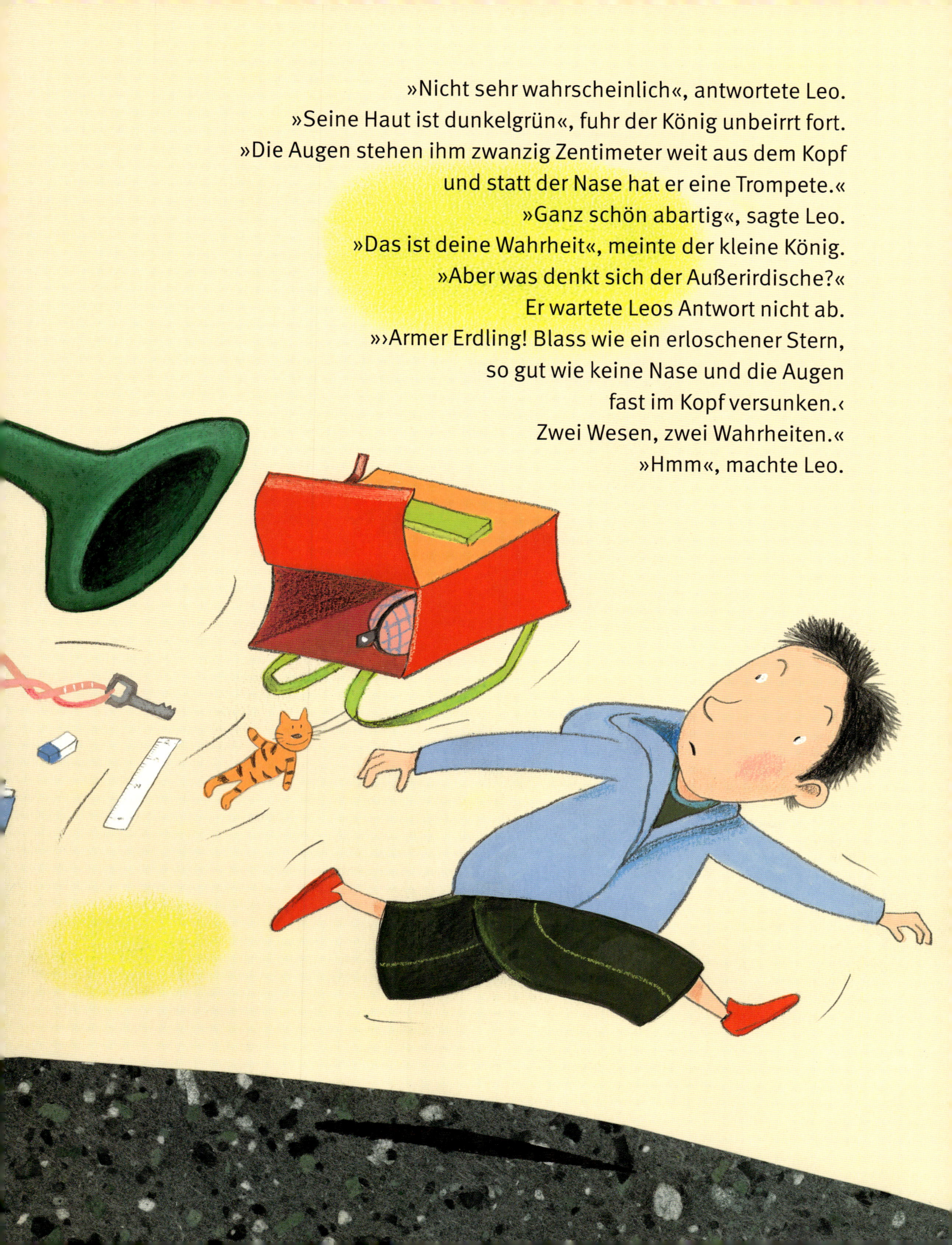

»Nicht sehr wahrscheinlich«, antwortete Leo.
»Seine Haut ist dunkelgrün«, fuhr der König unbeirrt fort.
»Die Augen stehen ihm zwanzig Zentimeter weit aus dem Kopf
und statt der Nase hat er eine Trompete.«
»Ganz schön abartig«, sagte Leo.
»Das ist deine Wahrheit«, meinte der kleine König.
»Aber was denkt sich der Außerirdische?«
Er wartete Leos Antwort nicht ab.
»›Armer Erdling! Blass wie ein erloschener Stern,
so gut wie keine Nase und die Augen
fast im Kopf versunken.‹
Zwei Wesen, zwei Wahrheiten.«
»Hmm«, machte Leo.

»Andere Idee«, sagte König Wirklichwahr.
»Jemand kommt in den Zoo, macht die Tür zum
Tigergehege auf und geht hinein, weil er einen
Tiger mal ganz aus der Nähe sehen will.«
»Bescheuert«, sagte Leo.
»Ganz recht«, nickte der König. »Selbstverständlich
wird er vom Tiger gefressen.«
»Ja und?«, fragte Leo.
»Jetzt kommt's«, sagte der König. »Für uns ist der
Gefressene bescheuert. Für den Tiger ist er das
schlaueste Frühstück, das er jemals hatte.
Es kam ganz von allein zu ihm. Genau in dem
Augenblick, als er besonders hungrig war.
Wer hat recht? Wir oder der Tiger?«
»Hmm«, machte Leo.

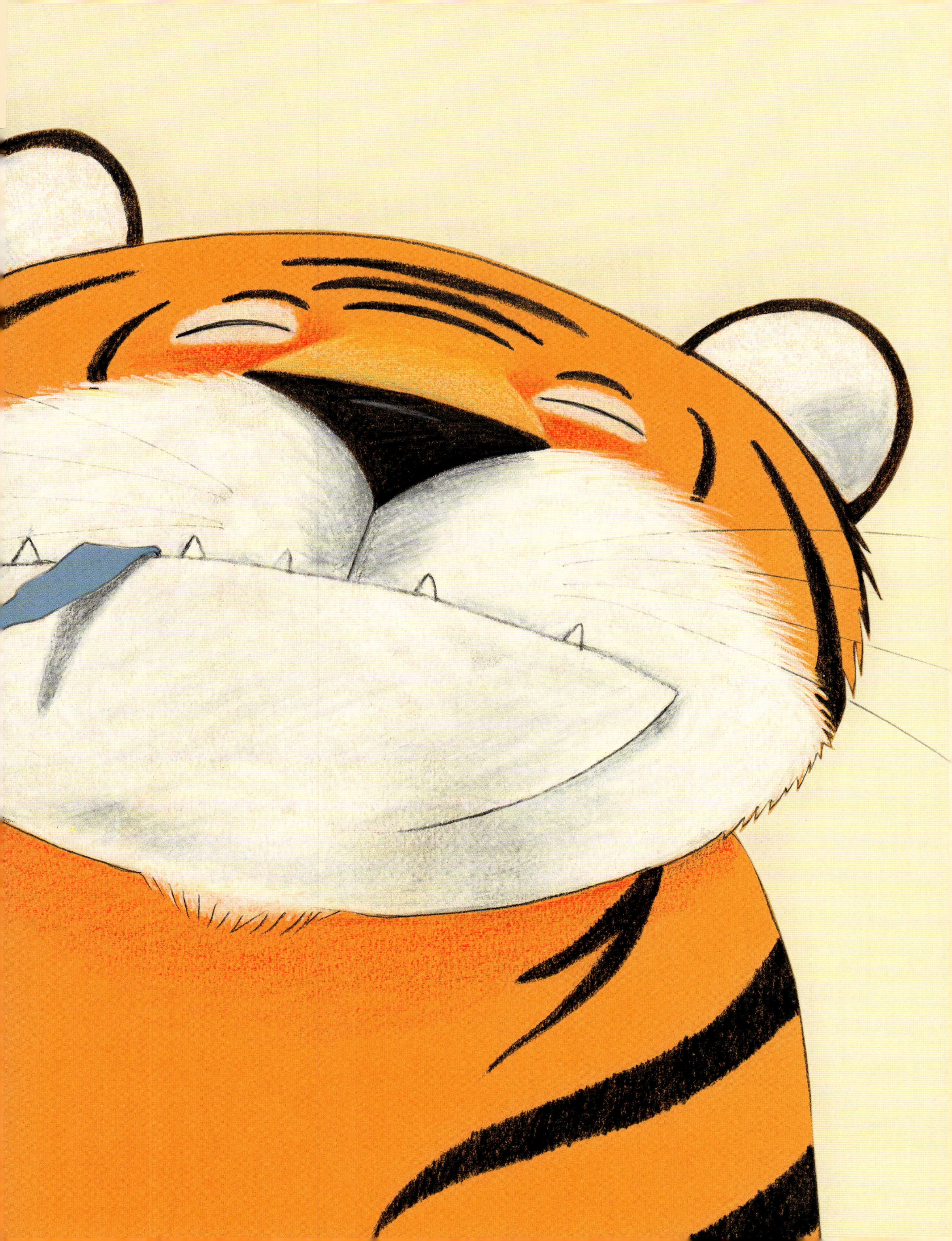

»Noch ein Beispiel«, sagte der kleine König.
»Eine Ameise trifft einen Elefanten.
Sie sagt zu ihm: ›Ich bin viel stärker als du.‹
Natürlich lacht sich der Elefant schief darüber.«
»Würd ich auch an seiner Stelle«, sagte Leo.

»›Ich kann das Zehnfache meines Körpergewichts tragen‹, erklärt die Ameise, nachdem der Elefant fertig gelacht hat. ›Kannst du das auch?‹
Wer von den beiden hat nun die Wahrheit gesagt?«
»Hmm«, machte Leo.

»Aber reden wir mal von deinem Urgroßvater«, sagte der kleine König.
»Ich hab gar keinen Urgroßvater«, meinte Leo.

»Dann stell ihn dir einfach vor«, verlangte der König.
»Er ist sehr alt, sehr nett und sehr allein. Und am Sonntag will ihn deine Mutter wieder einmal besuchen. Eigentlich möchtest du viel lieber dein neues Computerspiel ausprobieren. Aber deine Mutter schleppt dich mit. Und dann fragt dich ebendieser Urgroßvater, ob du nicht viel lieber was ganz anderes tun würdest, als ihn zu besuchen.
Was genau sagst du darauf?«

»Hmm«, machte Leo.

»Willst du damit sagen, dass man lügen soll?«

Der kleine König schüttelte den Kopf so heftig, dass ihm die Krone endgültig bis über die Ohren rutschte. Er schob sie schnell wieder hoch.

»Aber die Wahrheit suchen, die für dich richtig ist«, sagte er.

»Wirklich wahr?«, fragte Leo. »Und wo finde ich die?«
»Also ich spür sie hier«, sagte König Wirklichwahr und zeigte dorthin, wo Leo den Bauch des Königs vermutete.
Vielleicht auch ein bisschen höher.
Im nächsten Augenblick war er verschwunden.
Nur die Seiten des Bilderbuchs bewegten sich noch ein wenig.

Eine Weile saß Leo auf seinem Bett und überlegte,
ob er geträumt hatte. Dann dachte er darüber nach,
was der seltsame kleine König gesagt hatte.
Und dann plötzlich spürte er etwas.
Im Bauch. Vielleicht auch ein bisschen höher.
Leo ging in die Küche und zog eine
gelbe Blume aus einem dicken Strauß,
der in einer Vase am Fenster stand.

»Was willst du mit der Blume?«, fragte Leos Mutter.
Leo überlegte, welche Wahrheit für ihn richtig war.
»Sie Laura schenken«, sagte er. »Damit sie weiß, dass sie mir auch mit großen Ohren gefällt.«

Edith Schreiber-Wicke wurde in Steyr/Oberösterreich geboren und studierte in Wien Theaterwissenschaften und Kunstgeschichte. Sie schrieb zunächst Werbetexte, dann Geschichten, die auf ihre Art werben: Vor allem für Fantasie, Toleranz und Mut zu sich selbst. Ihre Bücher wurden in zahlreiche Sprachen übersetzt und vielfach ausgezeichnet. Edith Schreiber-Wicke lebt und arbeitet in Grundlsee, Wien und Venedig.

Viel lieber als be-schreiben würde **Carola Holland** sich be-zeichnen. Ungefähr so: Rabenschwarz angezogen, aber im Kopf lauter bunte Gedanken, die Bilder werden wollen. Sie ist in der Nähe von Berlin geboren und in Esslingen aufgewachsen, lebt und zeichnet aber schon lange in Wien. Eine Tochter, drei Katzen und ein Hund schauen ihr dabei manchmal über die Schulter.

Mehr über unsere Bücher, Autoren und Illustratoren auf:
www.thienemann.de

Schreiber-Wicke, Edith und Holland, Carola:
Der Neinrich und andere Mutmachgeschichten
Texte: Edith Schreiber-Wicke
Illustrationen: Carola Holland
ISBN 978 3 522 45856 6

Einbandtypografie: Doris Grüniger, buchundgrafik, Zürich
Reproduktion: HKS-Artmedia GmbH, Leinfelden-Echterdingen
Druck und Bindung: Livonia Print, Riga

© dieses Sammelbandes 2017 Thienemann in der Thienemann-Esslinger Verlag GmbH, Stuttgart
Der Neinrich © 2002 Thienemann in der Thienemann-Esslinger Verlag GmbH, Stuttgart
Achtung! Bissiges Wort! © 2004 Thienemann in der Thienemann-Esslinger Verlag GmbH, Stuttgart
Knut hat Wut © 2014 Thienemann in der Thienemann-Esslinger Verlag GmbH, Stuttgart
König Wirklichwahr © 2007 Thienemann in der Thienemann-Esslinger Verlag GmbH, Stuttgart

Printed in Latvia. Alle Rechte vorbehalten.